职业教育汽车专业改革创新示范教材

汽车综合故障诊断与检测

主　编　刘敏杰　付贻玮
副主编　吕江毅　张华磊
参　编　王谷娜　安泽婷　牛雅丽
　　　　赵宏霞　王茂美　隋美丽

机械工业出版社

全书共分为3个模块，计7个项目，30个任务，主要内容包括汽车电器的零部件检测、汽车灯光故障诊断与检测、发动机不能起动故障诊断与检测、发动机怠速不稳故障诊断与检测、发动机加速不良故障诊断与检测、汽车底盘故障诊断与检测和汽车网络故障诊断与检测。

本书可作为高职院校汽车检测与维修技术等专业的教材，也可作为成人高等教育或汽车技术人员的培训教材，还可以供广大汽车爱好者扩展知识使用。

本书配有多媒体课件，包括大量的文本、彩图、动画、视频等资料，可以直接用于进行多媒体教学，方便教师备课、授课，学生也可以利用该课件进行课外自学和复习。

图书在版编目（CIP）数据

汽车综合故障诊断与检测/刘敏杰，付贻玮主编．—北京：机械工业出版社，2023.1（2024.8重印）

职业教育汽车专业改革创新示范教材

ISBN 978-7-111-72433-9

Ⅰ.①汽… Ⅱ.①刘… ②付… Ⅲ.①汽车-故障诊断-高等职业教育-教材 ②汽车-车辆修理-高等职业教育-教材 Ⅳ.①U472.4

中国国家版本馆CIP数据核字（2023）第010772号

机械工业出版社（北京市百万庄大街22号　邮政编码100037）
策划编辑：葛晓慧　　　　　　责任编辑：葛晓慧　张双国
责任校对：潘　蕊　李　婷　　封面设计：严娅萍
责任印制：李　昂
北京中科印刷有限公司印刷
2024年8月第1版第2次印刷
184mm×260mm・11印张・249千字
标准书号：ISBN 978-7-111-72433-9
定价：48.00元

电话服务　　　　　　　　网络服务
客服电话：010-88361066　　机　工　官　网：www.cmpbook.com
　　　　　010-88379833　　机　工　官　博：weibo.com/cmp1952
　　　　　010-68326294　　金　书　网：www.golden-book.com
封底无防伪标均为盗版　　　机工教育服务网：www.cmpedu.com

PREFACE

前　言

"汽车综合故障诊断与检测"是针对高职院校汽车检测与维修技术等专业开设的专业课程。本书根据高等职业教育人才培养目标，按照汽车综合故障诊断与检测课程教学的基本要求，构建了多个教学项目和教学任务，按照"项目驱动、任务导向，形式多样"的理实一体化设计思路编写而成。通过对本书的学习，学生可以具备本专业所必需的基础理论、专业知识和实践技能，能成为高等职业教育应用型人才。

本书将汽车综合故障诊断与检测相关知识围绕汽车4S店相关岗位工作展开阐述，将4S店真实维修岗位与汽车专业知识进行有机接合，以"必需、够用、有效、经济"为原则安排内容，突出对技能的培养。

本书的主要特色如下：

1）采用模块、项目、任务的形式编写，通过学习目标、相关知识、任务分析、任务实施、任务记录单、任务评价表等环节构建知识和技能体系。

2）参考全国职业技能大赛的任务和英国IMI汽车维修考评制度，任务内容均为汽车维修厂最常见的案例。

3）内容紧扣新专业教学标准的要求，定位科学、合理、准确，力求降低理论知识的难度；理论与实践结合紧密，突出技能培养，适合理实一体化的教学模式。

4）内容通俗易懂、图文并茂，以二维码形式链接了视频、动画等，指导性、趣味性强，有利于激发学生的学习兴趣。

本书共计3个模块，计7个项目，30个任务，建议学时为64学时，具体建议学时数分配见下表：

项目	教学内容	建议学时数分配
项目1	汽车电器的零部件检测	8
项目2	汽车灯光故障诊断与检测	10
项目3	发动机不能起动故障诊断与检测	10
项目4	发动机怠速不稳故障诊断与检测	10

（续）

项目	教学内容	建议学时数分配
项目 5	发动机加速不良故障诊断与检测	10
项目 6	汽车底盘故障诊断与检测	8
项目 7	汽车网络故障诊断与检测	8
	总计	64

  本书由刘敏杰、付贻玮担任主编，吕江毅、张华磊担任副主编，参加编写的还有王谷娜、安泽婷、牛雅丽、赵宏霞、王茂美、隋美丽，全书由刘敏杰统稿。具体编写分工如下：项目1由刘敏杰编写，项目2由付贻玮编写，项目3由吕江毅编写，项目4由张华磊编写，项目5由王谷娜、安泽婷编写，项目6由牛雅丽、赵宏霞编写，项目7由王茂美、隋美丽编写。

  本书在编写过程中得到了北京电子科技职业学院、北京中汽恒泰教育科技有限公司、蔚蓝研创（北京）科技有限公司、武汉神龙汽车有限公司、英国ECL公司、一汽大众汽车有限公司和上海大众汽车有限公司等单位有关技术人员的大力支持和帮助。此外，本书在编写过程中参考了大量的文献资料，在此向所有相关资料的作者一并表示感谢。

  由于编者水平有限，书中难免出现错漏之处，恳请广大读者批评指正。

编 者

二维码索引

名称	图形	页码	名称	图形	页码
汽车灯光故障诊断与检测1		34	汽车起动机不工作故障诊断与检测-理论		67
汽车灯光故障诊断与检测2		37	汽车起动机不工作故障诊断与检测-实操		67
汽车灯光故障诊断与检测3		41	汽车发动机不启动故障诊断与检测-理论		70
汽车灯光故障诊断与检测4		44	汽车发动机不启动故障诊断与检测-实操		70
起动系统故障诊断与检测1-理论		56	发动机运行不良故障诊断与检测1		76
起动系统故障诊断与检测1-实操		56	发动机运行不良故障诊断与检测2		95
起动系统故障诊断与检测2-理论		62	轮胎动平衡		119
起动系统故障诊断与检测2-实操		62	汽车网络故障诊断与检测		142

CONTENTS 目 录

前言

二维码索引

模块 1　汽车电器典型故障诊断与检测 …………………………………………… 1

　项目 1　汽车电器的零部件检测 ………………………………………………… 2
　　任务 1　健康与安全防护综述 …………………………………………………… 3
　　任务 2　万用表的规范检测 ……………………………………………………… 7
　　任务 3　继电器的规范检测 ……………………………………………………… 12
　　任务 4　蓄电池的规范检测 ……………………………………………………… 19
　项目 2　汽车灯光故障诊断与检测 ……………………………………………… 28
　　任务 1　汽车灯光故障检测综述 ………………………………………………… 29
　　任务 2　大众速腾示廓灯与近光灯故障诊断与检测 …………………………… 34
　　任务 3　大众速腾前雾灯和近光灯故障诊断与检测 …………………………… 37
　　任务 4　大众速腾近光灯和雾灯故障诊断与检测 ……………………………… 41
　　任务 5　大众速腾前、后雾灯故障诊断与检测 ………………………………… 44

模块 2　汽车发动机典型故障诊断与检测 ……………………………………… 49

　项目 3　发动机不能起动故障诊断与检测 ……………………………………… 50
　　任务 1　发动机不能起动故障综述 ……………………………………………… 51
　　任务 2　迈腾 EPC 灯不亮，起动机不运转故障诊断与检测 …………………… 56
　　任务 3　迈腾仪表正常，起动机不运转故障诊断与排除 ……………………… 62
　　任务 4　迈腾仪表不亮，起动机不运转故障诊断与检测 ……………………… 67
　　任务 5　迈腾起动机运转，发动机不能着车故障诊断与检测 ………………… 70
　项目 4　发动机怠速不稳故障诊断与检测 ……………………………………… 75
　　任务 1　发动机怠速不稳故障综述 ……………………………………………… 76

任务 2　迈腾 EPC 灯不灭，发动机怠速抖动故障诊断与检测 ………………… 82
　　任务 3　迈腾仪表正常，发动机怠速不稳故障诊断与检测 ……………………… 85
　　任务 4　迈腾发动机抖动与转动同步故障诊断与检测 …………………………… 88
　项目 5　发动机加速不良故障诊断与检测 ……………………………………………… 94
　　任务 1　发动机加速不良故障综述 ………………………………………………… 95
　　任务 2　迈腾发动机轻微抖动故障诊断与检测 …………………………………… 99
　　任务 3　迈腾发动机抖动并加速不良故障诊断与检测 ………………………… 102
　　任务 4　发动机加速不良故障诊断与检测 ………………………………………… 105
　　任务 5　迈腾发动机指示灯长亮，加速不良故障诊断与排除 ………………… 108

模块 3　汽车其他系统典型故障诊断与检测 ……………………………………… 111

　项目 6　汽车底盘故障诊断与检测 …………………………………………………… 112
　　任务 1　汽车轮胎拆装与动平衡检测 ……………………………………………… 113
　　任务 2　汽车四轮定位的规范检测 ………………………………………………… 121
　项目 7　汽车网络故障诊断与检测 …………………………………………………… 133
　　任务 1　汽车网络系统结构与波形测量综述 ……………………………………… 134
　　任务 2　迈腾汽车高速 CAN 系统的故障诊断与检测 …………………………… 142
　　任务 3　低速 CAN 系统的故障诊断与检测（速腾右侧玻璃升降器和
　　　　　　后视镜无法工作）………………………………………………………… 152
　　任务 4　LIN 系统的故障诊断与检测（速腾左后玻璃升降器和门锁
　　　　　　无法工作）………………………………………………………………… 157
　　任务 5　LIN 系统的故障诊断与检测（速腾右后玻璃升降器和门锁
　　　　　　无法工作）………………………………………………………………… 163

参考文献 ……………………………………………………………………………… 168

模块 1

汽车电器典型故障诊断与检测

项目 1

汽车电器的零部件检测

【学习目标】

1. 知识目标

1）了解汽车数字式万用表的使用方法。
2）掌握车用继电器的工作原理和检测流程。
3）掌握蓄电池的工作原理和检测流程。

2. 能力目标

1）能在汽车诊断操作时保证人身安全和车辆安全。
2）能对车用继电器进行诊断。
3）能对蓄电池进行诊断。

3. 素养目标

1）培养学生的学习能力、交流能力和团队协作能力。
2）养成自主学习的习惯。
3）德技并修，做一名优秀的汽车医生。
4）养成自觉遵守技术标准和技术要求的习惯。
5）培养学生的工匠精神。

任务 1　健康与安全防护综述

【相关知识】

一、人身安全相关知识

1. 工作安全作业须知

1）始终安全工作，防止伤害的发生。
2）防止事故伤害到自己。

2. 常见的事故因素

1）人为因素造成的事故：由于不正确地使用机器或工具，衣服穿着不合适，或由于操作人员不小心造成的事故。
2）自然因素造成的事故：由于机器或工具出现故障，缺少完整的安全装置，或者工作环境不良造成的事故。

3. 正确佩戴个人防护装备（PPE）

(1) 工作服（图1-1）　为防止事故的发生，工作服必须结实、合身，以便于工作。为防止工作时损伤汽车，工作服的带子、钮扣不能露出；为防止受伤或烧伤，不要裸露皮肤。

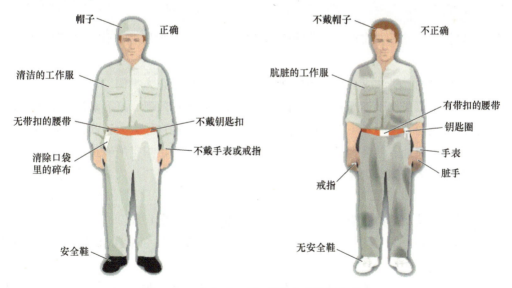

图1-1　正确和不正确佩戴个人防护用品对比

(2) 工作鞋（图1-2）　工作时要穿工作鞋。不要穿运动鞋，否则易摔倒而且不能有效地减小掉落物体造成的伤害。

(3) 工作手套（图 1-3） 在维修时,手套很容易磨损,需要定期更换。还要准备皮革长手套,主要用于高温部件的维修。提升重的物体或拆卸高温的排气管或类似的物体时,建议戴上手套。

(4) 护耳器（图 1-4） 护耳器用于高分贝噪声的工作环境。

图 1-2　工作鞋　　　　　图 1-3　工作手套　　　　　图 1-4　护耳器

(5) 安全帽（图 1-5） 仅需要在规定的环境中戴安全帽。

(6) 护目镜（图 1-6） 护目镜可保护眼睛不受到伤害。

图 1-5　安全帽　　　　　　　图 1-6　护目镜

4. 工作场地须知

1) 不要把工具或零件放在人有可能踩到的地方,应将其放置在工作架或工作台上,并养成习惯。

2) 飞溅的燃油、机油或者润滑脂应立即清理干净,以防止人滑倒。

3) 工作时不要采取不正确的姿态,因为这既会影响工作效率,又容易造成事故。

4) 处理沉重的物体时要小心,避免其掉落伤人或因所提物体太重,而使背部受伤。

5) 从一个工作地点转移到另外一个工作地点时,一定要走指定的通道。

6) 不要在开关、配电盘或电动机等附近使用易燃物,以免产生火花而造成火灾。

5. 工具的安全使用

1) 不正确地使用电器、液压和气动设备,可能导致严重的伤害。

2) 使用产生碎片的工具前,应戴好护目镜。使用完抛光机和钻孔机等工具后,要清除其上的粉尘和碎片。

3) 操作旋转的工具或者工作在一个有旋转运动物体的地方时,不要戴手套,这是因为手套容易被旋转的物体卷入而使手受伤。

4) 用升降机升起车辆时,初步提升到轮胎稍微离开地面为止。然后,在完全升起之前,应确认车辆牢固地支撑在升降机上。升起后,不要试图摇晃车辆,因为这样可能导致车辆跌落，造成严重伤害。

6. 防火措施

1）如果火灾警报响起，所有人员应当配合灭火。应提前了解灭火器存放的位置以及使用方法。

2）除非在吸烟区，否则不要抽烟，并且要确认将香烟熄灭在烟灰缸里。

3）吸满汽油或机油的碎布容易自燃，所以应将其放置在带盖的金属容器内。

4）在机油存储地或可燃的零件清洗剂附近，不要使用明火。

5）不要在处于充电状态的蓄电池附近使用明火或产生火花，因为充电状态的蓄电池会产生可以点燃的爆炸性气体。

6）仅在必要时才将燃油或清洗溶剂携带到车间，携带时要使用能够密封的特制容器。

7）不要将可燃性废机油和汽油排入排水沟里，因为它们可能导致排水管系统产生火灾，应将这些材料倒入合适的容器内。

8）在燃油泄漏的车辆没有修好之前，不要起动发动机。修理燃油供给系统时，应当从蓄电池上断开负极电缆以防止发动机被意外起动。

7. 电器设备使用的安全措施

不正确地使用电器设备可能导致电路短路而引起火灾。因此，要学会正确地使用电器设备并认真遵守以下防护措施：

1）发现电器设备有任何异常时，应立即关掉电源开关，并联系管理员、领班。

2）电路中发生短路或意外火灾时，在进行灭火步骤之前应先关掉电源开关。

3）向管理员、领班报告不正确的布线和电器设备安装。

4）有任何熔丝熔断都要向上级汇报，因为熔丝熔断说明有电器发生了故障。

5）不要尝试以下行为，因为它们非常危险。

① 不要靠近断裂或摇晃的带电导线。

② 为防止电击，不要用湿手接触任何电器设备。

③ 不要触摸标有"发生故障"的开关。

④ 拔下插头时，不要拉导线，而应当拉插头本身。

⑤ 不要让电缆通过潮湿或浸有油的地方、灼热的表面或者尖角附近。

⑥ 在运行中的开关、配电盘或电动机等容易产生火花的电气设备附近不要使用易燃物。

图1-7所示为一些不恰当的行为。

图1-7 不恰当的行为

二、车辆防护相关知识

1. 十点注意

（1）职业化的形象 干净的帽子、干净的连体工作服、干净的工作鞋，不戴饰品和手表、口袋中要有干净的抹布，必要时带护目镜、面罩、耳罩、手套等安全用品。

（2）**爱护车辆** 车内要使用座椅套、转向盘罩、脚垫、翼子板布、前罩；车外要使用翼子板防护罩；小心地驾驶客户车辆；不能乱动客户车内的物品；工具、新旧零件不能放在车上。

（3）**整洁有序** 保持车间（地面、工具箱、工作台、仪器设备等）整洁有序；车辆停正后才能进行维修。

（4）**计划和准备** 明确自己的工作任务；完成规定的工作后发现还有其他的问题时，要报告服务经理或调度，只有得到客户同意后才能进行维修；工作前做好计划；确认库房有所需的零部件；根据维修派工单进行工作，以免出错。

（5）**快速、可靠地工作** 正确地使用各种工具、量具、仪器、仪表、设备；根据维修手册进行工作；如果有不清楚的地方，请询问技术经理或调度。

（6）**按时完成** 如果能够按时完成，就不应拖延时间；如果不能按时完成，应及时通知技术经理或调度。

（7）**工作完成后要检查** 确认主修项目已经完成；确认车辆至少与刚接手时一样干净；将驾驶座椅、转向盘、反光镜恢复到最初位置；如果钟表、音响的存储信息被删除，应重新设置。

（8）**保存旧零件** 将旧零件装入空零件盒，并按客户要求放在相应位置。

（9）**后续工作** 完成维修报告单；未列在维修单上的任何信息，必须报告技术经理或调度。

（10）**安全环保** 对于废机油和使用过的机油，应使用废油收集器（图1-8）回收，并通过认证的废物处置站处置，蓄电池应该安全环保地进行处置；必须将所有废物单独分类，如机油、金属、蓄电池及报废部件等。这将会阻止不同材料之间的反应，并能辅助处置。

2. 警告标识

1）阅读手册警告（⚠和打开的书本符号）：用于建议用户在进行任何调整之前参阅车主手册，如图1-9所示。

图1-8 废油收集器

图1-9 阅读手册警告

2）高压警告（⚡）：用于提醒用户存在固有高电压，如图1-10所示。当发动机运行或点火开关打开时，切勿触摸。

3）腐蚀警告：用于警告元件中包含腐蚀性物质，如图1-11所示。

图1-10　高压警告

图1-11　腐蚀警告

4）易燃警告：用于提示用户在易燃易爆性液体或蒸气附近不得有明火或火花，如图1-12所示。

5）禁止使用儿童座椅警告：所有配备工厂安装的乘客安全气囊的车辆都在仪表板上贴有警告标签，禁止在前排座椅位置使用面朝后的儿童座椅，如图1-13所示。不遵守此指令可能造成人身伤害。

图1-12　易燃警告

图1-13　禁止使用儿童座椅警告

【任务实施】

本次任务不单独考核，放在其他任务里作为辅助考核项目。

任务2　万用表的规范检测

【相关知识】

一、万用表的分类

万用表是用来测量电流、电压、电阻、电容等电参量的仪表，是汽车电子元件和电路检测的重要工具，一般分为指针式万用表和数字式万用表两类。

1. 指针式万用表

指针式万用表又称为模拟万用表。它可利用指针的偏转读出测量数值。

2. 数字式万用表

数字式万用表是在数字直流电压表的基础上扩展而成的，测量的数值由液晶显示屏（LCD）显示出来，具有体积小、测量精度高、测量范围广、分辨率高、输入阻抗高、抗干扰能力强等特点。

3. 汽车数字式万用表

汽车数字式万用表是在通用数字式万用表的基础上，增加了满足汽车特定功能测量要求的仪表（图1-14）。它不但可以进行常规的电压、电流、电阻、电容等的测量，还可以测量温度、转速、频率、压力、占空比、闭合角等参数。汽车数字式万用表按量程转换方式可分为手动转换式、自动转换式、自动/手动综合转换式等；按使用性能可分为智能型、数字/模拟混合型、数字/模拟条图双显示型等。

图1-14 汽车数字式万用表

二、万用表的使用

1. 测量电压（电位差）

将万用表设置在电压档合适的量程处，两表笔与被测量电路以并联方式连接，测量直流电压时，红表笔接电源正极端，黑表笔接电源负极端，如图1-15所示。

2. 测量电阻

1）万用表电阻档可进行电阻的测量（R=特定值）、导通的测量（$R \approx 0\Omega$）和绝缘的测量（R较大）。

2）将万用表设置在电阻档合适的量程处，两表笔分别接被测量电器元件或导线的两端，如图1-16所示。

图1-15 直流电压测量

图1-16 电阻测量

3）必要时，被测元件要与连接的电路断开后测量。

4）禁止在电路通电的情况下测量电阻。

3. 测量电流

将万用表设置在电流档合适的量程处，两表笔与被测电路以串联方式连接，即分别与电路断开处的两端相接。测量直流电流时，红表笔接电路正极端（高电位端），黑表笔接电路负极端（低电位端），如图1-17所示。

4. 指针式万用表使用时的注意事项

(1) 测试前 把万用表呈水平状态放置，检查其表针是否处于位点（指电流、电压刻度的零点）位置。若不在零点位置，则应调整表头下方的"机械零位调整"旋钮，使指针指向零位处。

(2) 根据被测项正确选择万用表上的测量项目及量程开关 如果已知被测量的数量级，则选择与其相对应的数量级量程。如果不知被测量值的数量级，则应选择最大量程开始测量，当指针偏转角太小而无法精确读数时，把量程减小。一般以指针偏转角不小于最大刻度的30%为合理量程。

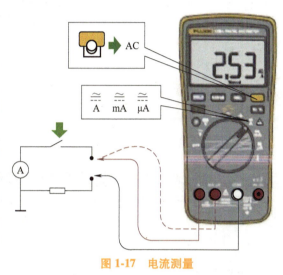

图1-17 电流测量

(3) 万用表作为电流表使用

1）把万用表串联在被测电路中时，应注意电流的方向，即把红表笔接电流流入的一端，黑表笔接电流流出的一端。如果不知被测电流的方向，可以将量程设置在最大档处，然后在电路的一端先接好一支表笔，另一支表笔在电路的另一端轻轻地碰一下。如果指针向右摆动，说明接线正确；如果指针向左摆动（低于零点），说明接线不正确，应把万用表的两支表笔位置调换。

2）在指针偏转角不小于最大刻度30%时，尽量选用大量程档。因为量程越大，分流电阻越小，电流表的等效内阻越小，这时被测电路引入的误差越小。

(4) 万用表作为电压表使用

1）把万用表与被测电路并联，在测量直流电压时，应注意被测点电压的极性，即把红表笔接电压高的一端，黑表笔接电压低的一端。如果不知被测电压的极性，可按前述测电流时的试探方法试一试。如果指针向右偏转，则可以进行测量；如果指针向左偏转，则把红、黑表笔调换位置后才可测量。

2）为了减小电压表内阻引入的误差，在指针偏转角不小于最大刻度的30%时，尽量选择大量程档。

(5) 万用表作为欧姆表使用

1）测量时应首先调零，即把两表笔直接相碰（短路），调整表盘下面的零欧调整旋钮，使指针正确指在 0Ω 处。这是因为内接干电池随着使用时间的加长,其提供的电源电压会下降,在被测电阻 $R_x=0$ 时,指针就有可能达不到满偏,此时必须调整仪表内的电阻 R_w,使表头的分流电流降低,来达到满偏电流 I_g 的要求。

2) 为了提高测试的精度和保证被测对象的安全,必须正确选择合适的量程档。一般测电阻时,指针最好在刻度线的中间位置,这样测试精度相对较高。

(6) 测量完成后 应注意把量程开关拨到直流电压或交流电压的最大量程位置,这是为了保护微安表头,以免下次开始测量时不慎烧坏表头。若仍在电阻档上,有可能造成两支表笔短路而将内部干电池全部耗尽,严重时会使表头损坏。

【任务准备】

一、使用工具

1) 对于电路故障的诊断,使用万用表进行参数测量是必不可少的。
2) 通常使用万用表测量电压和电阻值,在某些情况下也会测量电流值。

二、万用表的连接方法

1) 电压表并联。
2) 电流表串联。
3) 电阻表断电。

三、万用表的使用

在将万用表接入被测电路之前,在断电的情况下要确认以下几个问题:

1) 要测量什么值?

电压、电阻、电流或还是其他参数值。

2) 电路中的电流是直流还是交流?

3) 测量值的范围是多少?

12V 或 220V,5A 或 5mA,10Ω 或 10kΩ 等。

如果事先无法确定,则使用最大的量程,先粗略测量,然后调整到合适的量程进行精确测量。

4) 如何连接万用表?

万用表电压档并联,万用表电阻档断路,万用表电流档串联。

确认以上这 4 点后,必要时给电路供电测量。

注意:测量电器元器件电阻值时一定要将其从电路中断开后进行测量。

5) 将万用表接入被测电路进行测量。

【任务实施】

一、导线的导通性检测的测量方法

1）将万用表设置为电阻档。
2）确认电路已断电,被测电路与其他电路断开。
3）红、黑表笔分别接被测电路的两端,如图1-18所示。

二、导线对地绝缘检测的测量方法

1）将万用表设置为直流电压档。
2）确认电路已断电,被测电路与其他电路断开。
3）红表笔接蓄电池正极,黑表笔接被测电路,如图1-19所示。
4）读取电压表显示数值,显示0V为正常,否则为不正常。

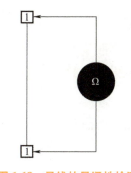

图1-18　导线的导通性检测

图1-19　导线对地绝缘检测

【任务记录单】

班级：	姓名：	学号：	车型：
故障现象的确认及描述			
故障原因分析			
万用表测量的信息记录			
测量结果分析			
确认故障点			
机理分析			
教师确认签字：		日期：	

【任务评价表】

项目	作业	作业内容及评分标准	配分	扣分原因	得分
万用表测试	确认故障现象	记录故障状态	10 分		
	检查测试相关系统部件并记录	正确地查阅资料	10 分		
		确认测试点、测试内容	10 分		
		说明理由	10 分		
	选择仪器	正确地选择测量档位	10 分		
		正确地实施检测	10 分		
	万用表测试	确认测试插头及电路	10 分		
		正确地连接测量仪器	10 分		
		正确地读取记录数据	10 分		
	确认故障并排除	分析故障点	10 分		
		总分			

任务 3 继电器的规范检测

【相关知识】

一、继电器的作用

不直接通过指令元件给接收器件供电，这样可以：
1) 在通常较长的导线上减少电压降（因为带指令开关的电路要连到仪表板上）。
2) 减少使用大直径导线的成本。
3) 使某些电路的功能自动化（自动前照灯或冷却系统风扇等）。

二、继电器的结构

继电器的结构如图 1-20 所示。

三、继电器的工作原理

继电器的工作原理是用一个回路（一般是小电流）去控制另外一个回路（一般是大电流）的通断，利用电磁效应来控制机械触点达到通断目的，给带有铁心的线圈通电—线圈电流产生磁场—磁场吸附衔铁动作通、断触点，整个过程是"小电流—磁—机械—大电流"

的一个过程。继电器工作前和工作后的状态对比如图 1-21 所示。

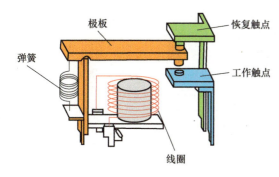

图 1-20 继电器的结构

图 1-21 继电器的工作原理

四、继电器的自动控制流程

继电器的自动控制流程如图 1-22 所示。

五、继电器电路图形符号

继电器电路图形符号如图 1-23 所示。

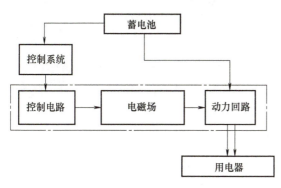

图 1-22 继电器的自动控制流程

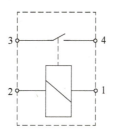
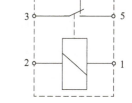

图 1-23 继电器电路图形符号

六、运行原理

1. 线圈未通电状态

控制电路未供电，脚 3、5 没有动力电通过，但动力电可在脚 3、4 间通过，如图 1-24 所示。

2. 线圈通电状态

控制电流输入线圈（脚 1、2），产生电磁吸力吸引极板使其向下移动从而使工作触点闭合，如图 1-25 所示。

1) 动力电流通过脚 3、5 到用电器。

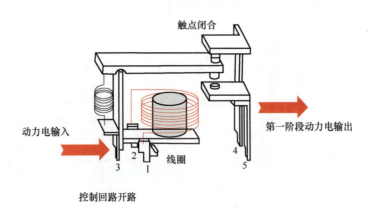

图 1-24　线圈未通电状态

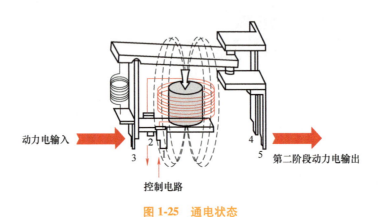

图 1-25　通电状态

2）脚 3、4 间的动力电被断开。

3）线圈的直流电阻在 50~100Ω 之间。

七、带二极管的继电器

1. 自感应

当一个回路中流通交变电流时，线圈会产生感应电动势。当一个发电器向一个线圈中提供交变电流时，这个线圈会产生感应电动势，这种现象称为自感应，如图 1-26 所示。

此前开关 S 处于闭合状态，直流电流 I 通过线圈 B，二极管 VD 起阻隔作用，则灯泡无电流通过。

在开关 S 断开时，可观察到灯泡 EL 短暂闪亮。

2. 感应回路的保护

感应回路不适合设置在急剧断开式的电路中，因为运行中的电路在急剧断开时，其中的电感元件会产生较高的感应电动势，在使用继电器的电路中，为了缓解这一问题需要与线圈并联一个保护二极管来保护继电器的控制回路，如图 1-27 所示。

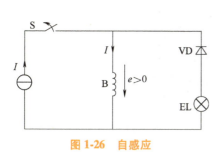

图 1-26 自感应

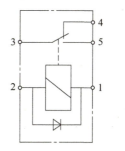

图 1-27 二极管保护继电器图

这类继电器安装是有极性要求的。

【任务准备】

一、查询燃油泵电路图

大众 AJR 发动机电动燃油泵电路图如图 1-28 所示。

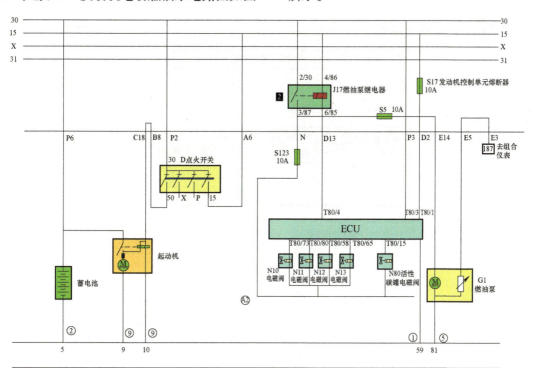

图 1-28 大众 AJR 发动机电动燃油泵电路图

二、找到大众 AJR 发动机电动燃油泵电器元件端子位置

大众 AJR 发动机电动燃油泵电器元件端子位置如图 1-29 所示。

图 1-29　大众 AJR 发动机电动燃油泵电器元件端子位置

三、检查和维修中的注意事项

1) 拆下的燃油泵不能在没有冷却的情况下测试。

2) 拆装任何电器元件插头时，必须先关闭点火开关或断开蓄电池负极连接。

3) 排除故障时，要先思后行、先易后难、先外后内、逐步逐段、循序渐进地进行分析、检查和排除。

四、电路检测的故障树

电路检测的故障树如图 1-30 所示。

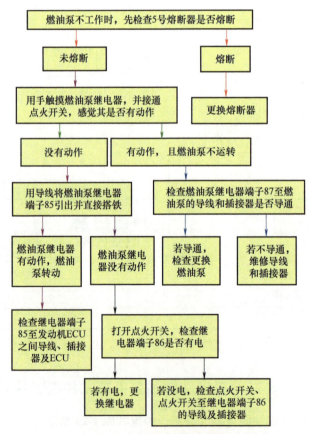

图 1-30　电路检测的故障树

【任务实施】

电路检测的具体操作步骤如下:
1) 关闭点火开关,拔下燃油泵继电器。继电器位置如图1-31所示。
2) 万用表选择电阻档(图1-32)。

图1-31 继电器位置

图1-32 电阻档选择

3) 校表(图1-33),数字万用表为0Ω。
4) 测量燃油泵继电器线圈电阻值(端子86-85,图1-34),为(59±0.5)Ω。

图1-33 校表

图1-34 测量线圈电阻

5) 测量燃油泵继电器触点导通性(端子30-87,图1-35),为∞。
6) 测量燃油泵继电器工作性能(1):连接导线(端子86,图1-36)。

图1-35 测量触点

图1-36 连接导线(86)

7) 测量燃油泵继电器工作性能(2):连接导线(端子85,图1-37)。
8) 测量燃油泵继电器工作性能(3):连接电源(两导线分别接电源正、负极,图1-38)。

9）测量燃油泵继电器工作性能（4）：触点导通检查（端子30-87，图1-39）。

图1-37　连接导线（85）　　　　图1-38　连接电源　　　　图1-39　触点导通检测

【任务记录单】

	班级：	姓名：	学号：	车型：
故障现象的确认及描述				
故障原因分析				
测量继电器的信息记录				
继电器故障分析				
确认故障点				
机理分析				
教师确认签字：			日期：	

【任务评价表】

项目	作业	作业内容及评分标准	配分	扣分原因	得分
继电器测试	确认故障现象	记录故障状态	10分		
	检查测试相关系统部件并记录	正确地查阅资料	10分		
		确认测试点、测试内容	10分		
		说明理由	10分		
	选择仪器	正确地选择测量档位	10分		
		正确地实施检测	10分		
	万用表测试	确认测试插头及电路	10分		
		正确地连接测量仪器	10分		
		正确地读取记录数据	10分		
	确认故障并排除	分析故障点	10分		
		总分			

任务 4　蓄电池的规范检测

【相关知识】

一、蓄电池简介

1. 定义

蓄电池是一种储存电能的装置,如图 1-40 所示。一旦连接外部负载或接通充电电路,它便开始了能量转换过程。在放电过程中,蓄电池中的化学能转变成电能;在充电过程中,电能转变成蓄电池中的化学能。

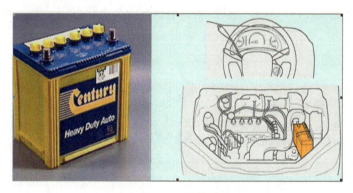

图 1-40　蓄电池

传统汽车一般采用的为铅酸蓄电池,本任务主要围绕铅酸蓄电池来展开介绍。

2. 传统汽车用蓄电池的主要用途

1)在起动发动机期间,它为起动系统、点火系统、电子燃油喷射系统和汽车的其他电气设备供电。

2)当发动机停止运转或怠速运转的时候,它给汽车用电设备供电。

3)当出现用电需求超过发电机供电能力时,蓄电池参加供电。

4)蓄电池起到了整车电气系统的电压稳定器的作用,能够缓和电气系统中的冲击电压,保护汽车上的电子设备。

5)在发电机正常工作时,蓄电池将发电机发出的多余电能存储起来,进行充电。

二、普通型蓄电池的结构

汽车蓄电池由多个单体蓄电池组成。单体蓄电池由正极板、负极板、隔板、电解液、蓄电池盖板、加液孔塞和蓄电池外壳组成。

三、免维护蓄电池

免维护蓄电池目前普遍使用的是铅酸蓄电池。

1. 免维护蓄电池的结构特点

1) 极板栅架采用铅钙锡合金材料制成,彻底消除锑的副作用。

极板栅架采用铅低锑合金(含锑2%~3%)材料制作的蓄电池称为少维护蓄电池。锑的存在,不仅会在电化学反应中不断地从正极板析出并迁移到负极板表面为自放电创造条件,而且使蓄电池电动势降低,充电电流增大,水的电解速度加快。

2) 采用袋式聚氯乙烯隔板。将正极板装在隔板袋内,既能避免活性物质脱落,又能防止极板短路。

3) 通气孔塞采用新型安全通气装置,孔塞内装有氧化铝过滤器和催化剂钯。过滤器能阻止水蒸气和气体通过,避免其与外部火花接触而发生爆炸,催化剂能促使氢氧离子结合生成水再回到池内而减少水耗。

有些免维护蓄电池在内部装有一只指示荷电状况的荷电状态指示器,即相对密度计,如图1-41所示。

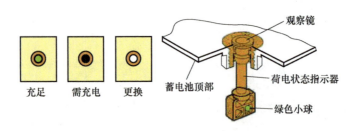

图1-41 免维护蓄电池荷电状态指示器

如果相对密度计顶部的圆点呈绿色,蓄电池荷电充足(约65%充电);如果圆点模糊,蓄电池荷电不足。如果圆点呈黄色,给蓄电池充电已无济于事;如果此"眼睛"是透亮的,说明电解液不足。后两种情况都必须更换蓄电池。

4) 外壳用聚丙烯塑料热压而成,槽底无筋条,极板组直接安放在壳底上,使极板上部容积增大约33%,电解液储存量增大。

2. 免维护蓄电池的使用特点

1) 在整个使用过程中无需补加蒸馏水,减少了维护工作量。

2) 蓄电池盖上设有安全通气装置,可阻止水蒸气和气体的通过,减少了电解液的消耗,并能减弱电桩和附近机件的腐蚀。

3) 自放电少,可储存2年以上;使用寿命长,约为普通蓄电池的4倍。

4) 耐过充电性能好。免维护蓄电池的过充电电流在充满电时可接近零,减少了电和水的损耗。

5) 内阻小,起动性能好。

3. 蓄电池的型号、规格及选用

按照 JB 2599—2012《铅酸蓄电池名称、型号编制与命名方法》的规定,其型号的编制由三部分组成,第一部分为串联的单体蓄电池数;第二部分为蓄电池用途、结构特征代号;第三部分为标准规定的额定容量。蓄电池的型号一般都标注在外壳上。

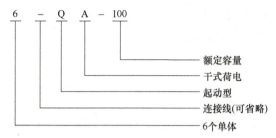

蓄电池特征代号见表 1-1。

表 1-1 蓄电池特征代号

特征代号	蓄电池特征	特征代号	蓄电池特征	特征代号	蓄电池特征
A	干式荷电	J	胶体式	JR	卷绕式
H	湿式荷电	M	密封式	WF	微型阀控式
W	免维护	P	排气式	F	阀控式

四、蓄电池的容量及其影响因素

铅酸蓄电池的容量指蓄电池在完全充足电的情况下,在允许放电的范围内对外输出的电量,用 Q 表示,其单位为 $A \cdot h$。蓄电池容量用以表示蓄电池对外供电的能力。当蓄电池以恒定电流值进行放电时,其容量 Q 等于放电电流 I 和放电时间 t 的乘积,即

$$Q = It$$

式中 Q——蓄电池容量($A \cdot h$);

I——放电电流(A);

t——放电时间(h)。

蓄电池的容量与放电电流的大小及电解液的温度等因素有关。为了准确地表示出蓄电池的容量,需要规定蓄电池的放电条件。在一定放电条件下,蓄电池的容量分为额定容量和起动容量。

1. 额定容量

额定容量指完全充足电的蓄电池在电解液平均温度为 25℃ 的情况下,以 20h 率放电的电流(相当于额定容量的 1/20)连续放电至单体电压降为 1.75V 时所输出的电量。

例如:3—Q—90 型蓄电池,在电解液平均温度为 25℃ 的情况下,以 4.5A 放电电流连续放电 20h 后,单体电压降为 1.75V,它的额定容量 $Q = 4.5 \times 20 A \cdot h = 90(A \cdot h)$。

2. 起动容量

起动容量表示蓄电池接起动机时的供电能力,有常温和低温两种起动容量。

(1) 常温起动容量 常温起动容量即电解液温度为25℃时，以5min率放电的电流（3倍额定容量的电流）连续放电至规定的终止电压（6V蓄电池为4.5V，12V蓄电池为9V）时所输出的电量。其放电持续时间应超过5min。

例如，3—Q—90型蓄电池在25℃以270A电流放电5min，蓄电池的端电压降到4.5V，其起动容量为270×5/60A·h＝22.5A·h。

(2) 低温起动容量 低温起动容量即电解液温度为-18℃时，以3倍额定容量的电流连续放电至规定的终止电压（6V蓄电池为3V，12V蓄电池为6V）时所放出的电量。其放电持续时间应超过2.5min。

3. 使用条件对蓄电池容量的影响

蓄电池的容量与放电电流、电解液的温度、电解液的密度及电解液的纯度等因素有关。

(1) 放电电流对蓄电池容量的影响 放电电流过大时，蓄电池容量减小。

(2) 电解液的温度对蓄电池容量的影响 温度低时，蓄电池的放电容量下降。冬季用起动机起动汽车时，放电电流大、温度低，使蓄电池容量大大减小，这是冬季起动时总感到蓄电池电量不足的主要原因之一。由于温度对蓄电池的放电容量及端电压影响较大，所以北方冬季要注意蓄电池的保暖工作。

(3) 电解液的密度对蓄电池容量的影响 在一定范围内，适当增大电解液的密度可以使蓄电池容量增大。但密度过大将使蓄电池的端电压及容量减小。另外，电解液密度过高时蓄电池自行放电速度加快，对极板栅架和隔板的腐蚀作用加剧，会缩短蓄电池的使用寿命。一般情况下，采用密度偏低的电解液有利于提高蓄电池放电电流和容量，同时有利于延长铅酸蓄电池的使用寿命。铅酸蓄电池电解液的密度应根据用户所在地区的气候条件不同而异，冬季使用的电解液，应在不致结冰的条件下尽可能使用密度稍低的电解液。

(4) 电解液的纯度对蓄电池容量的影响 电解液的纯度对蓄电池的容量有很大影响，电解液应用化学纯硫酸和蒸馏水配制。如果电解液中含有1%的铁，蓄电池在24h内就会放完电，所以使用纯度不高的电解液会明显减小蓄电池的容量，缩短蓄电池的使用寿命。

五、蓄电池的使用与维护

1. 蓄电池的正确使用

1) 不要连续使用起动机。每次起动的时间不得超过5s，如果一次未能起动，应停顿15s以上再进行第2次起动，连续3次起动不成功者，应查明原因，排除故障后再起动发动机。

2) 安装和搬运蓄电池时，应轻搬轻放，不可敲打或在地上拖拽。蓄电池在汽车上应固定牢靠，以防行车时振动和移位。

3) 冬季使用的注意事项：

① 冬季使用蓄电池时，应特别注意保持其处于充足电状态，以免电解液密度降低而结冰。

② 冬季补加蒸馏水应在充电前进行，以使蒸馏水较快地与电解液混合而不致结冰。

③ 冬季蓄电池容量降低，因此在起动冷态发动机前应进行预热，以减小起动阻力矩。

④ 冬季气温低，充电较困难，因此可以适当调高调节器的调节电压，以改善蓄电池的充电状态，但仍需避免过量充电。

4) 要经常检查蓄电池的电解液和蓄电池的放电情况。如果发现电解液不足或蓄电池充电不足，要及时进行补充和充电。

2. 蓄电池的维护

1) 经常清除蓄电池表面的灰尘、污物，电解液溅到蓄电池表面时，应用抹布蘸10%浓度的苏打水或碱水擦净，电极桩和电线夹头上出现氧化物时应及时清除。

2) 经常疏通加液孔盖上的通气孔。

3) 检查各单体内电解液的液面高度，如果发现不足及时补充。

4) 根据季节及时调整电解液的密度。

5) 放完电的蓄电池在24h内应及时充电。

6) 停驶车辆的蓄电池，每两个月应进行一次补充充电。

7) 常用车辆的蓄电池，放电程度冬季达25%、夏季达50%时即应充电，必要时及时进行补充充电。

8) 拆卸蓄电池电缆时，应先拆下蓄电池负极电缆，再拆下蓄电池正极电缆；安装蓄电池电缆时，应先安装蓄电池正极电缆，再安装蓄电池负极电缆，以免拆卸过程中造成蓄电池断路。

六、充电

1. 补充充电的具体步骤

1) 从汽车上拆下蓄电池，清除蓄电池盖上的脏污，疏通加液孔盖上的通气小孔，消除极桩和导线接头上的氧化物。

2) 检查电解液的密度和液面高度。如果密度不符合规定要求，用蒸馏水或密度为 $1.4g/cm^3$ 的稀硫酸调配，电解液液面应高出极板上缘15mm。

3) 用高率放电计检查各单体的放电情况。要求蓄电池的各个单体蓄电池读数（电压值）基本一致。

4) 将蓄电池正极接充电机正极，蓄电池负极接充电机负极，补充充电应按充电规范进行，一共分两个阶段：第一阶段的充电电流约为蓄电池额定容量的1/10，充至单体电压为2.3~2.4V；第二阶段的充电电流约为容量的1/20，充至单格电压为2.5~2.7V，电解液达到规定值，并且在2~3h内基本不变。蓄电池内产生大量气泡，电解液呈"沸腾"状态时，表示蓄电池已充足电，时间大约为15h。

5) 将加液口盖拧紧，擦净蓄电池表面，便可使用。

2. 充电注意事项

1) 严格遵守充电规范。

2) 充电过程中，要密切观察各单体蓄电池的电压和密度变化，及时判断其充电程度和技术状况。

3）在充电过程中，密切注意蓄电池的温度。

4）初充电时应连续进行，不能长时间间断。

5）配制和灌入电解液时，要严格遵守安全操作规则和器皿的使用规则。

6）充电时要经常备用冷水、10%苏打溶液或10%的氨水溶液。

7）充电室要安装通风装置，并且严禁有明火。

8）充电设备不应和蓄电池放置在同一工作间内，充电时应先接牢蓄电池线，停止充电时应先切断电源，严防火花发生。

【任务准备】

一、了解蓄电池专用检测仪 P300

1. 工作范围

检测标定电压为 6V 或 12V 的汽车起动蓄电池。

2. 可测量蓄电池范围

蓄电池检测标准见表 1-2。

表 1-2　蓄电池检测标准

额定电流/A	标准简写	含义
100~1400	CCA	通用低温起动标准
100~1400	SAE	美国电工委员标准
100~550	DIN	德国工业标准
100~900	EN	欧洲工业标准
100~550	IEC	国际电工委员会标准
1~14V 起动铅酸蓄电池	JIS	日本工业标准

3. 能量配置

利用被测蓄电池的自有电能（不低于 0.9V）。

4. 显示功能

双行液晶显示，带背光。

5. 温度调节

测试过程中自动温度补偿。

6. 适应的环境温度

适应的环境温度为 -18~50℃。

7. 测试用接线夹

特制双导卡尔文式接线夹。

项目1 汽车电器的零部件检测

8. 外壳材料

抗酸腐蚀性的 ABS 塑料。

9. 体积

230mm×102mm×65mm。

10. 其他

符合 ISO 国际质量管理体系标准的计算机数据处理系统。

二、学会检测仪的使用方法

检测仪的操作面板及使用说明如图 1-42 所示。

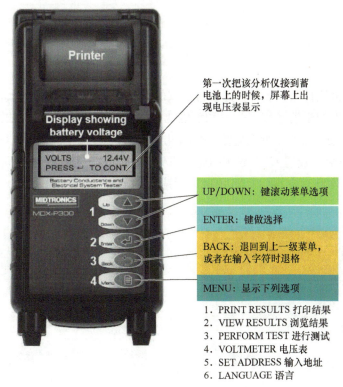

图 1-42 检测仪的操作面板及使用说明

三、蓄电池测试步骤

1) BAT. LOCATION（测试位置）：选择 IN-VEHICLE（车内）或 OUT-OF-VEHICLE（车外）。说明：IN-VEHICLE（车内）意味着蓄电池和车内的所有电系统连接。

2) BATTERY TYPE（蓄电池类型）：选择 REGULAR（常规铅酸型蓄电池），AGM 或 GEL（胶体蓄电池）。

3) STANDARD（额定系统）：上下键滚动并选择到 CCA、EN、IEC、SAE、DIN 或者 JIS#。

4) BAT . RATING（蓄电池额定值）：选择额定值（按上、下键选择正确的额定值）。

5) 按下 ENTER 键开始测试。

四、蓄电池拆装注意事项

1）通常先拆掉蓄电池负极电缆接头（搭铁），然后拆下正极接头。注意：毕加索等车辆例外。

2）在连接正、负极接头之前，务必保证耗电量大的各元件应处于不工作状态；永久性通电的某些元件，如钟表等是不会有什么危险的。出现火花，表明产生了短路或有大功率设备在工作，应该采取纠正措施。

3）应确保端子和接头接触良好，接头和端子应清洁且夹紧。

4）在给汽车蓄电池重新充电时，要断开蓄电池的正、负极电缆接头。

5）正、负极电缆接头，切勿装反。

【任务实施】

1）拆下负极接线柱的保护罩，连接检测仪的负极（黑夹头）和蓄电池负极柱（或负极电缆），连接检测仪的正极（红夹头）和蓄电池正极柱（或正极电缆），如图1-43所示。

2）按正常程序进行操作，将蓄电池与整车相连接，检测仪选"IN VEHICLE"（车上模式）。

3）选择CCA后，设置CCA参考数值（BAT. RATING）时，依据不同的蓄电池型号设置相应的参数，L2400对应640CCA，L3450对应720CCA，L3500对应800CCA，如图1-44～图1-46所示。

图1-43　连接检测仪

图1-44　L2400设置640CCA

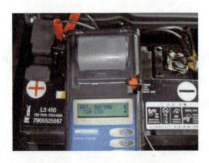

图1-45　L3450设置720CCA

图1-46　L3500设置800CCA

项目 1　汽车电器的零部件检测

4）检测完毕后，恢复负极保护罩，复原车辆。

【任务记录单】

	班级：	姓名：	学号：	车型：
故障现象的确认及描述				
故障原因分析				
测量蓄电池的信息记录				
蓄电池检测分析				
确认故障点				
机理分析				
教师确认签字：			日期：	

【任务评价表】

项目	作业	作业内容及评分标准	配分	扣分原因	得分
继电器测试	确认故障现象	记录故障状态	10分		
	检查测试相关系统部件并记录	正确地查阅资料	10分		
		确认测试点、测试内容	10分		
		说明理由	10分		
	选择仪器	正确地选择测量档位	10分		
		正确地实施检测	10分		
	测试万用表	确认测试插头及电路	10分		
		正确地连接测量仪器	10分		
		正确地读取记录数据	10分		
	确认故障并排除	分析故障点	10分		
		总分			

项目 2

汽车灯光故障诊断与检测

【学习目标】

1. 知识目标

1) 了解汽车灯光系统,掌握汽车灯光系统的组成、工作原理和安装位置。
2) 熟悉速腾轿车灯光系统中的元器件安装流程和技术要求。

2. 能力目标

1) 能够进行灯光系统的拆装和故障诊断。
2) 能制订汽车灯光故障的诊断方案。
3) 能够进行汽车灯光基本故障诊断。

3. 素养目标

1) 遵守企业 7S 要求和安全生产规范。
2) 培养学生的学习能力、交流能力和团队协作能力。
3) 养成自主学习相关知识的习惯。
4) 德技并修,做一名优秀汽车医生。
5) 养成自觉遵守技术标准和技术要求的习惯。
6) 培养学生的工匠精神。

任务 1　汽车灯光故障检测综述

【相关知识】

汽车灯具按用途可分为照明和辅助两种，其中起照明作用的只有前照灯和部分汽车装备的雾灯，其余均属于辅助灯。

一、照明灯具

前照灯是最重要的照明灯具，交通法规里对前照灯的光度、照射范围都有要求，照明的效果直接影响到交通安全。

前照灯主要有封闭式和灯泡可更换式两种。大部分微型汽车和商用汽车的方形灯、圆形灯都是封闭式的。轿车的前照灯多为不规则形状，不利于制成封闭式，所以多使用灯泡与灯罩、透镜分开的构造。现在越是高档的轿车，越多地采用可换灯泡的前照灯。

对前照灯的要求有光度足够、投射角度合适。灯光是车辆年审过线时的检测项目，但在日常使用中，只要自己感觉良好即可。前照灯的照明效果主要与光度和角度两个因素有关。车辆在行驶中会有颠簸、振动，所以灯具会出现松动、错位的情况，这也是照明效果下降的最常见原因。

前照灯的角度都是可调的，绝大部分是在前机舱里面、前照灯的后面，通过定位螺钉来调节，也有一些是在车外调节，或是在车内电动调节的。在没有测光仪器的辅助下，可以将车辆停在一条直路上，起动发动机，此时需要以发电机发电才足以维持前照灯的正常工作，每次微调角度后，在近光、远光之间切换，以调整到最佳状态。

二、辅助灯具

辅助灯具的结构简单，大多为普通的白炽灯，再加上有色的塑料灯罩。近年来，有些进口汽车在辅助灯上采用了有色的灯泡，透明的灯罩，但通用性较差。

辅助灯光方面，示廓灯、制动灯和倒车灯的要求是够亮、无闪动，转向灯的闪烁频率应该在 60~120 次/min 之间，而且前、后灯的频率应该一致。若辅助灯不够亮，应该先观察灯罩是否有老化和泛黄，或雨水渗漏引起的水蒸气。清洁灯罩的方法很简单，只要将灯罩拆开，用湿布将里面擦拭干净即可。如果觉得灯光的投射角度没问题，但照明效果仍然不好，那就该换灯泡了。汽车前照灯的灯泡有白炽灯和卤素灯两种，其中卤素灯的通电效率更高，使用寿命也长，虽然价格高一些，但目前已渐成主流。选购灯泡时，要留意新灯泡和原装灯泡的功率是否完全一致，因为如果功率大了会立即烧掉，功率小了则会使亮度不足，一般在灯具附近都会贴有标明功率的标签。

三、照明设备与信号系统的组成

1. 前照灯
前照灯装在汽车头部的两侧，用于夜间或光线昏暗路面上汽车行驶时的照明，有两灯制和四灯制之分。

2. 雾灯
雾灯安装在车头和车尾，位置比前照灯稍低。装于车头的雾灯称为前雾灯，装于车尾的雾灯称为后雾灯。

3. 示廓灯与尾灯
示廓灯与尾灯用于夜间给其他车辆提示本车位置与宽度。位于前方的称为示廓灯，位于后方的灯称为尾灯。两灯均为低强度灯。

4. 制动灯
制动灯安装在车辆尾部，用于提示后面的车辆本车正在制动，以免后面的车辆与其后部碰撞。

5. 转向信号灯
转向信号灯安装在车辆两端及前翼子板上，向前、后、左、右的车辆表明本车正在转向或改换车道。转向信号灯闪烁频率为 60~120 次/min。

6. 危险警告灯
车辆紧急停车或驻车时，危险警告灯给前、后、左、右的车辆显示车辆位置。转向信号灯同时闪烁，即作危险警告灯用。

7. 牌照灯
牌照灯用于照亮车辆尾部车牌。当尾灯亮时，牌照灯也亮。

8. 倒车灯
倒车灯安装于车辆尾部，给驾驶人提供额外照明，使其能在夜间倒车时看清车辆后面，也提示后面的车辆本车想要倒车或正在倒车。当点火开关接通，变速杆换至倒车档时，倒车灯亮。

9. 仪表灯
仪表灯用于夜间照亮仪表盘，使驾驶人能迅速看清仪表。尾灯亮时，仪表灯同时亮。有些车辆加装了灯光控制变阻器，使驾驶人能调整仪表灯的亮度。

10. 顶灯
顶灯用于车内照明，但必须不致使驾驶人眩目。通常客车车内灯均位于驾驶室中部，使车内灯光分布均匀。

四、前照灯的结构

1. 反射镜
反射镜的作用是最大限度地将灯泡发出的光线聚合成强光束，以增加照射距离。

2. 配光镜
配光镜又称为散光玻璃，由透光玻璃压制而成，是多块特殊棱镜和透镜的组合，外形一般为圆形或矩形。

3. 灯泡

目前，汽车前照灯用灯泡的额定电压有 6V、12V 和 24V 3 种。灯泡的灯丝由功率大的远光灯丝和功率较小的近光灯丝组成，由钨丝制作成螺旋状以缩小灯丝的尺寸，有利于光束的聚合。

【任务准备】

一、主要实训器材

万用表，继电器测量线，尖嘴钳，速腾轿车。

二、诊断分析

诊断分析流程图如图 2-1 所示。

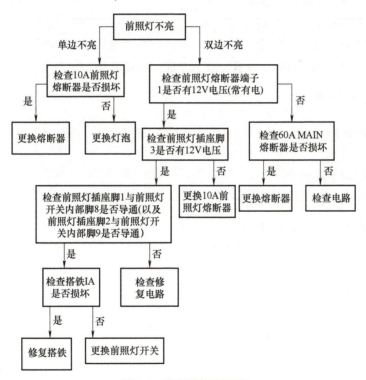

图 2-1　诊断分析流程图

【任务实施】

一、设备检查

1）检查工具车及车内工具是否齐全。

2) 检查相关资料是否齐全。
3) 检查车辆钥匙、车内防护用品、翼子板布、车轮挡块是否齐全。
4) 检查尾气排放系统工作是否正常。
5) 检查气压管路压力是否正常。

二、车辆检查

1) 安装车轮挡块。
2) 安装尾气排放管。
3) 检查工作现场及车辆是否存在安全隐患情况。
4) 打开驾驶人侧车门，安装车内防护用品，同时拉开发动机舱盖。
5) 打开发动机舱盖，安装翼子板布。
6) 检查发动机机油液位高度。
7) 检查发动机防冻液液位高度。
8) 检查蓄电池电压。
9) 坐进驾驶室，检查变速杆位置是否为空档位置，拉紧驻车制动器手柄。
10) 旋转点火开关至"ON"位置，放下左前门车窗玻璃。

三、故障诊断步骤

1) 确认故障现象。
2) 关闭点火开关。
3) 查看故障相关电路图。
4) 测量故障相关熔断器是否损坏。
5) 测量故障相关继电器是否损坏。
6) 测量故障相关电路导通及搭铁是否良好。
7) 测量故障相关元器件性能是否良好。
8) 更换损坏部件或电路。
9) 恢复使用性能。
10) 测试故障现象是否排除。

四、恢复车辆

1) 旋转点火开关至"ON"位置，升起左前门车窗玻璃。
2) 关闭点火开关，取下点火开关钥匙。
3) 取下车内保护用品，下车并关闭车门。
4) 取下翼子板布，关闭发动机舱盖。
5) 清洁车身。
6) 取下尾气排放管。

7）收回车轮挡块。

8）整理工具车、工具、资料。

9）确认完成。

【任务记录单】

	班级：	姓名：	学号：	车型：
故障现象的确认及描述				
故障原因分析				
测量相关部位的信息记录（含相关数据等）				
对造成故障的相关部位的诊断及维修过程				
确认故障点				
机理分析				
教师确认签字：			日期：	

【任务评价表】

项目	作业	作业内容及评分标准	配分	扣分原因	得分
电器故障	确认故障现象	记录故障状态	5分		
		正确地查阅资料	5分		
	检查测试相关系统部件并记录	确认需检测的系统、部件	5分		
		确认测试点、测试内容	5分		
		说明理由	5分		
	测试机件检查状态	正确地测量	10分		
		正确地选择测量仪器	5分		
		正确地实施检测	10分		
		确认测试插头及电路	5分		
	检测电路	正确地连接测量仪器	10分		
		正确地读取记录数据	10分		
		正确地分析测量结果	10分		
		说明故障点	5分		
	确认故障并排除	确认故障点并排除	5分		
		故障码清除	5分		
		总分			

任务 2　大众速腾示廓灯与近光灯故障诊断与检测

汽车灯光故障诊断与检测 1

【故障现象】

1）打开点火开关，开启示廓灯档，示廓灯正常亮，操作前、后雾灯开关，前、后雾灯均不亮。

2）开启近光灯档时，近光灯不亮，操作前、后雾灯开关，前、后雾灯正常亮。

3）其他灯光正常。

【故障分析】

汽车灯光系统部分电路图如图 2-2 所示。

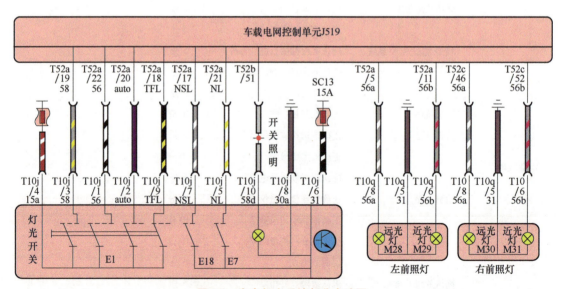

图 2-2　汽车灯光系统部分电路图

开启近光灯档时，操作前、后雾灯开关，前、后雾灯正常亮，说明近光开关、前雾灯开关、后雾灯开关信号及雾灯电路均正常；但开启示廓灯档时，操作前、后雾灯开关，前、后雾灯均不亮，说明在示廓灯档位时雾灯工作的条件没有满足，即车载电网控制单元 J519 没有收到正确的示廓灯开关信号。

可能的故障原因为：

1）开关 E1 故障。

2）开关 E1 至车载电网控制单元 J519 之间电路故障。

3）车载电网控制单元 J519 局部故障。

基于测量方便的原则，从开关处开始进行诊断。

【故障诊断】

1. 测量 E1 的示廓灯档开关信号输出

打开点火开关，操作 E1 至示廓灯档，测量端子 T10/3 的对地电压。测量结果为悬空电压→+B，标准为 0.5V→+B。测量结果说明示廓灯档时信号正常。可能的故障原因为：

1）开关 E1 至车载电网控制单元 J519 之间的电路故障。

2）车载电网控制单元 J519 局部故障。

2. 测量车载电网控制单元 J519 的示廓灯开关信号输入

打开点火开关，操作 E1 至示廓灯档，测量端子 T20a/19 的对地电压。测量结果为 0.5V→0.5V，标准为 0.5V→+B，测量结果异常。

由于在打开点火开关、未操作灯光开关时，端子 T10j/1 至端子 T52a/22 之间电路一端为 0.5V，一端为悬空电压，说明开关 E1（示廓灯档）的端子 T10j/3 到车载电网控制单元 J519 的端子 T52a/19 间电路存在断路。

简单修复电路后，发现在示廓灯档位时雾灯工作恢复正常；但打开近光灯开关时，近光灯均不亮；其他灯光均正常。由于在近光灯档时，操作前、后雾灯开关，前、后雾灯均正常亮，说明车载电网控制单元 J519 收到正常的近光灯开关信号。两个近光灯均不亮的可能故障原因为：

1）车载电网控制单元 J519 局部故障。

2）车载电网控制单元 J519 与近光灯之间电路故障。

3）近光灯故障。

4）近光灯搭铁故障。

因为近光灯与远光灯共用搭铁电路，远光灯工作正常，所以暂时不考虑近光灯的搭铁故障。

3. 测量近光灯的供电电压

打开点火开关，操作近光灯开关，测量近光灯 M29 的端子 T10q/6、M31 的端子 T10/6 的对地电压；测量结果均为 0V→0V，标准均为 0V→+B，测量结果均异常。说明近光灯没有收到车载电网控制单元 J519 的电源信号，可能故障原因为：

1）车载电网控制单元 J519 局部故障。

2) 车载电网控制单元 J519 与近光灯之间电路故障。

4. 测量车载电网控制单元 J519 的输出电压

打开点火开关，打开近光灯开关，测量车载电网控制单元 J519 的端子 T52a/11、T52c/52 的对地电压；测量结果均为 0V→+B，标准均为 0V→+B，测量结果均正常。

由于端子 T10q/6 至端子 T52a/11、端子 T10/6 至端子 T52c/52 电压差均为 +B，且一端为零，说明左侧近光灯 M29 的 T10q/6 到车载电网控制单元 J519 的端子 T52a/11 之间电路断路，右侧近光灯 M31 的端子 T10/6 到车载电网控制单元 J519 的端子 T52c/52 之间电路断路。简单修复后，近光灯工作恢复正常。

5. 结论

1) 开关 E1（示廓灯档）的端子 T10j/3 到车载电网控制单元 J519 的端子 T52a/19 之间电路断路。

2) 左侧近光灯 M29 的端子 T10q/6 到车载电网控制单元 J519 的端子 T52a/11 之间电路断路。

3) 右侧近光灯 M31 的端子 T10/6 到车载电网控制单元 J519 的端子 T52c/52 之间电路断路。

【故障机理】

1) E1 开关（示廓灯档）的端子 T10j/3 到车载电网控制单元 J519 的端子 T52a/19 之间电路断路，导致车载电网控制单元 J519 无法收到示廓灯开关信号，致使操作雾灯开关时，前、后雾灯都不亮。

2) 左侧近光灯 M29 的端子 T10q/6 到车载电网控制单元 J519 的端子 T52a/11 之间电路断路，右侧近光灯 M31 的端子 T10/6 到车载电网控制单元 J519 的端子 T52c/52 之间电路断路，导致近光灯均不亮。

3) 建议更换或修复相关电路。

【任务记录单】

	班级：	姓名：	学号：	车型：
故障现象的确认及描述				
故障原因分析				
测量相关部位的信息记录（含相关数据等）				
对造成故障的相关部位的诊断及维修过程				
确认故障点				
机理分析				
教师确认签字：			日期：	

【任务评价表】

项目	作业	作业内容及评分标准	配分	扣分原因	得分
电器故障	确认故障现象	记录故障状态	5分		
		正确地查阅资料	5分		
	检查测试相关系统部件并记录	确认需检测的系统、部件	5分		
		确认测试点、测试内容	5分		
		说明理由	5分		
	测试机件	正确地测量	10分		
	检查状态	正确地选择测量仪器	5分		
		正确地实施检测	10分		
		确认测试插头及电路	5分		
	检测电路	正确地连接测量仪器	10分		
		正确地读取记录数据	10分		
		正确地分析测量结果	10分		
		说明故障点	5分		
	确认故障并排除	确认故障点并排除	5分		
		故障码清除	5分		
		总分			

任务3　大众速腾前雾灯和近光灯故障诊断与检测

汽车灯光故障诊断与检测2

【故障现象】

1) 打开点火开关，灯光开关转到示廓灯档时，示廓灯正常亮；开启前雾灯开关，前雾灯不亮，开启后雾灯开关，后雾灯不亮，但此时近光灯异常亮起。

2) 灯光开关转到近光灯档位时，近光灯正常亮，开启前雾灯开关，前雾灯不亮，开启后雾灯开关，后雾灯不亮。

3）其他灯光正常。

【故障分析】

灯光系统部分电路图如图 2-3 所示。

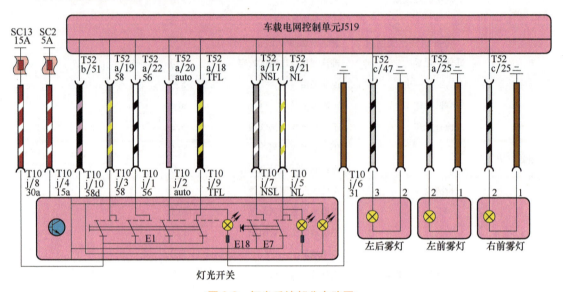

图 2-3　灯光系统部分电路图

开启示廓灯档时，示廓灯正常，近光灯没有亮，说明没有进入应急模式、示廓灯开关信号正常；此时开启前雾灯开关，前雾灯不亮，开启后雾灯开关，后雾灯不亮，但近光灯异常亮起，说明车载电网控制单元 J519 没有收到正确的前雾灯开关信号，致使灯光系统进入应急模式，使近光灯异常亮起。

可能的故障原因为：

1）开关 E7 故障。

2）开关 E7 至车载电网控制单元 J519 电路故障。

3）车载电网控制单元 J519 局部故障。

基于测量方便的原则，先从开关处进行测量。

【故障诊断】

1. 测量前雾灯开关 E7 的信号输出

打开点火开关，打开示廓灯档，操作前雾灯开关，测量前雾灯开关 E7 的端子 T10j/5 的对地电压；测量结果为 0V→+B，标准为 0V→+B，测量结果正常。

造成开关信号输入异常的可能的故障原因为：

1）开关 E7 至车载电网控制单元 J519 之间的电路故障。

2）车载电网控制单元 J519 局部故障。

2. 测量车载电网控制单元 J519 的前雾灯开关信号输入

打开点火开关，打开示廓灯档，操作前雾灯开关，测量车载电网控制单元 J519 的端子 T52a/21 的对地电压；测量结果为 0V→0V，标准为 0V→+B，测量结果为异常。

端子 T10j/5 至端子 T52a/21 之间的电压差为 +B，且一端为零，说明端子 T10j/5 至端子 T52a/21 之间的电路断路。简单修复电路后，再开启示廓灯档时，前、后雾灯工作恢复正常，近光灯不再亮；但开启近光灯开关时，近光灯亮，开启前、后雾灯开关时，前、后雾灯均不亮；其他灯光正常。

由于在示廓灯档时，前、后雾灯正常亮，说明前、后雾灯开关及雾灯灯光电路工作正常；在近光灯档时，前、后雾灯不亮，说明雾灯工作的条件没有满足，即车载电网控制单元 J519 没有收到正确的近光灯开关信号。

可能的故障原因为：

1）开关 E1 故障。
2）开关 E1 至车载电网控制单元 J519 之间的电路故障。
3）车载电网控制单元 J519 局部故障。

3. 测量车载电网控制单元 J519 的近光灯开关信号输入

打开点火开关，操作近光灯开关，测量车载电网控制单元 J519 的端子 T52a/22 的对地电压；测量结果为 0.5V→0.5V；标准为 0.5V→+B，测量结果异常。说明车载电网控制单元 J519 没有收到正确的近光灯开关信号，可能的故障原因为：

1）开关 E1 故障。
2）开关 E1 至车载电网控制单元 J519 之间的电路故障。

4. 测量开关 E1 近光灯信号输出

打开点火开关，操作近光灯开关，测量开关 E1 端子 T10j/1 的对地电压；测量结果为悬空电压→+B，标准为 0.5V→+B，测量结果说明近光档时信号正常。

由于在打开点火开关、未操作灯光开关时，端子 T10j/1 至端子 T52a/22 之间电路一端为 0.5V，一端为悬空电压，说明开关 E1 端子 T10j/1 至车载电网控制单元 J519 的端子 T52a/22 之间的电路存在断路，修复电路后故障排除。

5. 诊断结论

1）前雾灯开关 E7 的端子 T10j/5 到车载电网控制单元 J519 的端子 T52a/21 之间的电路断路。
2）开关 E1（近光灯档）的端子 T10j/1 到车载电网控制单元 J519 的端子 T52a/22 之间的电路断路。

【故障机理】

1）前雾灯开关 E7 的端子 T10j/5 到车载电网控制单元 J519 的端子 T52a/21 之间的电路断路，导致车载电网控制单元 J519 无法收到前雾灯开关信号。在示廓灯档时，打开后雾灯开关后，灯光系统进入应急状态，近光灯异常亮起。

2）开关 E1（近光灯档）的端子 T10j/1 到车载电网控制单元 J519 的端子 T52a/22 之间的电路断路，导致车载电网控制单元 J519 无法收到近光灯开关信号；在打开近光灯档时，灯光系统进入应急状态而使近光灯亮起；开启前后雾灯时，前、后雾灯亮起的条件不能满足，前后雾灯均不亮。

3）更换或修复相关电路。

【任务记录单】

	班级：	姓名：	学号：	车型：
故障现象的确认及描述				
故障原因分析				
测量相关部位的信息记录（含相关数据）				
对造成故障的相关部位的诊断及维修过程				
确认故障点				
机理分析				
教师确认签字：			日期：	

【任务评价表】

项目	作业	作业内容及评分标准	配分	扣分原因	得分
电器故障	确认故障现象	记录故障状态	5分		
		正确地查阅资料	5分		
	检查测试相关系统部件并记录	确认需检测的系统、部件	5分		
		确认测试点测试内容	5分		
		说明理由	5分		
	测试机件	正确地测量	10分		
	检查状态	正确地选择测量仪器	5分		
		正确地实施检测	10分		
		确认测试插头及电路	5分		
	检测电路	正确地连接测量仪器	10分		
		正确地读取记录数据	10分		
		正确地分析测量结果	10分		
		说明故障点	5分		
	确认故障并排除	确认故障点并排除	5分		
		故障码清除	5分		
		总分			

任务 4　大众速腾近光灯和雾灯故障诊断与检测

汽车灯光故障诊断与检测 3

【故障现象】

1）打开点火开关，在示廓灯档时，示廓灯正常，前、后雾灯均不亮。

2）打开近光灯档，近光灯不亮；打开前雾灯开关，前雾灯不亮；打开后雾灯开关，后雾灯亮起。

3）其他灯光正常。

【故障分析】

灯光系统部分电路图如图 2-4 所示。

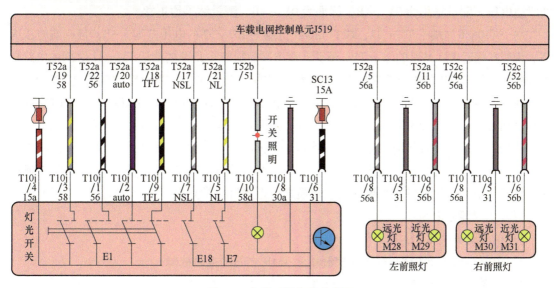

图 2-4　灯光系统部分电路图

在近光灯档时，近光灯不亮，但后雾灯正常亮，说明车载电网控制单元 J519 已收到正确的近光灯开关信号。

可能的故障原因为：

1) 车载电网控制单元 J519 局部故障。
2) 车载电网控制单元 J519 至开关 M29、M30 之间的电路故障。
3) 开关 M29、M30 故障。
4) 开关 M29、M30 搭铁故障。

因为近光灯与远光灯共用搭铁电路，远光灯工作正常，所以暂时不考虑近光灯的搭铁故障。

故障现象说明后雾灯开关及后雾灯正常，但在示廓灯档时，前、后雾灯均不亮，因为近光灯故障，不能缩小前雾灯不亮的可能原因，所以应先从近光灯故障处开始诊断。

【故障诊断】

1. 测量近光灯的供电电压

打开点火开关，打开近光灯开关，测量近光灯 M29 的端子 T10q/6、M30 的端子 T10/6 的对地电压，测量结果为 0V 不变，标准为 0V→+B，测量结果异常。说明近光灯没有收到车载电网控制单元 J519 的供电信号，可能的故障原因为：

1) 车载电网控制单元 J519 局部故障。
2) 车载电网控制单元 J519 至近光灯 M29、M30 之间的电路故障。

2. 测量车载电网控制单元 J519 的输出电压

打开点火开关，打开近光灯开关，测量车载电网控制单元 J519 的端子 T52a/11、T52c/52 的对地电压，测量结果为 0V→+B，标准为 0V→+B，测量结果均正常。

端子 T10q/6 至端子 T52a/11、端子 T10/6 至端子 T52c/52 的电压差均为+B，且一端电压为 0V，说明左侧近光灯 M29 的端子 T10q/6 到车载电网控制单元 J519 的端子 T52a/11 之间的电路断路，右侧近光灯 M31 的端子 T10/6 到车载电网控制单元 J519 的端子 T52c/52 之间的电路断路。

简单修复电路后，再次检查故障现象为：在示廓灯档时，前、后雾灯均不亮，但在打开后雾灯档时，近光灯异常亮起；近光灯档时，前雾灯不亮，后雾灯正常亮，其他灯光正常。

分析：开启示廓灯档时，近光灯没有亮，说明示廓灯开关信号正常；前、后雾灯均不亮，当开启后雾灯开关时，近光灯异常亮起，说明车载电网控制单元 J519 没有收到正确的前雾灯开关信号，致使灯光系统进入应急模式，近光灯异常亮起。

可能的故障原因为：

1) 前雾灯开关 E7 故障。
2) 前雾灯开关 E7 至车载电网控制单元 J519 之间的电路故障。
3) 车载电网控制单元 J519 局部故障。

基于测量方便的原则，先检查前雾灯开关的输出信号。

3. 测量前雾灯开关 E7 的信号输出

打开点火开关，操作前雾灯开关，测量端子 T10j/5 的对地电压，测量结果为 0V→+B，标准为 0V→+B，测量结果正常。

可能的故障原因为：

1）前雾灯开关 E7 至车载电网控制单元 J519 之间故障。

2）车载电网控制单元 J519 局部故障。

4. 测量车载电网控制单元 J519 的前雾灯开关信号输入

打开点火开关，打开示廓灯档，操作前雾灯开关，测量车载电网控制单元 J519 的端子 T52a/21 的对地电压；测量结果为 0V→0V，标准为 0V→+B，测量结果为异常。

端子 T10j/5 至端子 T52a/21 之间的电压差为 +B，且一端为零，说明端子 T10j/5 至端子 T52a/21 之间的电路断路。简单修复电路后，故障排除。

5. 诊断结论

1）左前近光灯的端子 T10q/6 到车载电网控制单元 J519 的端子 T52a/11 之间的电路断路。

2）右前近光灯的端子 T10/6 到车载电网控制单元 J519 的端子 T52a/52 之间的电路断路。

3）前雾灯开关的端子 TT10j/5 到车载电网控制单元 J519 的端子 T52a/21 之间的电路断路。

【故障机理】

1）前雾灯开关 E7 的端子 T10j/5 到车载电网控制单元 J519 的端子 T52a/21 之间的电路断路，导致车载电网控制单元 J519 无法收到前雾灯开关信号，导致操作雾灯开关时，前、后雾灯都不亮。

2）左侧近光灯 M29 的端子 T10q/6 到车载电网控制单元 J519 的端子 T52a/11 之间的电路断路，右侧近光灯 M31 的端子 T10/6 到车载电网控制单元 J519 的端子 T52c/52 之间的电路断路，导致近光灯均不亮。

3）建议更换或修复相关电路。

【任务记录单】

	班级：	姓名：	学号：	车型：
故障现象的确认及描述				
故障原因分析				
测量相关部位的信息记录（含相关数据等）				
对造成故障的相关部位的诊断及维修过程				
确认故障点				
机理分析				
教师确认签字：			日期：	

【任务评价表】

项目	作业	作业内容及评分标准	配分	扣分原因	得分
电器故障	确认故障现象	记录故障状态	5分		
		正确地查阅资料	5分		
	检查测试相关系统部件并记录	确认需检测的系统、部件	5分		
		确认测试点、测试内容	5分		
		说明理由	5分		
	测试机件	正确地测量	10分		
	检查状态	正确地选择测量仪器	5分		
		正确地实施检测	10分		
		确认测试插头及电路	5分		
	检测电路	正确地连接测量仪器	10分		
		正确地读取记录数据	10分		
		正确地分析测量结果	10分		
		说明故障点	5分		
	确认故障并排除	确认故障点并排除	5分		
		故障码清除	5分		
		总分			

任务5 大众速腾前、后雾灯故障诊断与检测

汽车灯光故障诊断与检测 4

【故障现象】

1)打开点火开关,灯光开关转到示廓灯档时,示廓灯正常亮;开启前雾灯开关,前雾灯不亮;开启后雾灯开关,后雾灯不亮,但此时近光灯异常亮起。

2)灯光开关转到近光灯档时,近光灯正常亮起;开启前雾灯开关,前雾灯不亮;开启后雾灯开关,后雾灯不亮。

3）其他灯光正常。

【故障分析】

灯光系统部分电路图如图 2-5 所示。

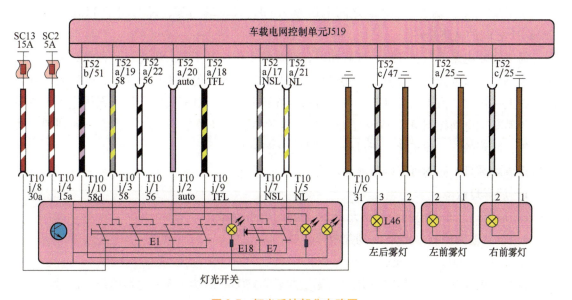

图 2-5　灯光系统部分电路图

开启小灯档时，示廓灯正常，近光灯没有亮，说明没有进入应急模式、示廓灯开关信号正常，此时开启前雾灯开关，前雾灯不亮；开启后雾灯开关，后雾灯不亮，但近光灯异常亮起，说明车载电网控制单元 J519 没有收到正确的前雾灯开关信号，致使灯光系统进入应急模式，近光灯异常亮起。

可能的故障原因为：
1）开关 E7 故障。
2）开关 E7 至车载电网控制单元 J519 之间的电路故障。
3）车载电网控制单元 J519 局部故障。

基于测量方便的原则，先从开关处进行测量。

【故障诊断】

1. 测量前雾灯开关 E7 的信号输出

打开点火开关，打开示廓灯档，操作前雾灯开关，测量前雾灯开关 E7 的端子 T10j/5 的对地电压；测量结果为 0V→+B，标准为 0V→+B，测量结果正常。

造成开关信号输入异常的可能的故障原因为：

1) 开关 E7 至车载电网控制单元 J519 电路故障。
2) 车载电网控制单元 J519 局部故障。

2. 测量车载电网控制单元 J519 的前雾灯开关信号输入

打开点火开关，打开示廓灯档，操作前雾灯开关，测量车载电网控制单元 J519 的端子 T52a/21 的对地电压；测量结果为 0V→0V，标准为 0V→+B，测量结果为异常。

端子 T10j/5 至端子 T52a/21 之间电压差为 +B，且一端为零，说明端子 T10j/5 至端子 T52a/21 之间的电路断路。

简单修复电路后，在开启示廓灯档时，前雾灯工作恢复正常，近光灯不再亮，但后雾灯依然不亮；开启近光灯开关时，近光灯亮，前雾灯正常亮，但后雾灯不亮，其他灯光正常。

在上一步时，由于前雾灯开关电路故障，导致开启后雾灯开关时，灯光系统进入应急模式，说明车载电网控制单元 J519 已经收到正常的后雾灯开关信号；加上后雾灯和别的灯共用搭铁，而别的灯工作正常，所以暂时不考虑搭铁故障。

造成后雾灯不亮的可能的故障原因为：
1) 后雾灯故障。
2) 后雾灯至车载电网控制单元 J519 之间的电路故障。
3) 车载电网控制单元 J519 局部故障。

3. 测量左后雾灯 L46 的供电电压

打开点火开关，操作后雾灯开关，测量左后雾灯 L46 的端子 3 的对地电压，测量结果为 0V→0V，标准为 0V→+B，测量结果为异常。说明左后雾灯 L46 没有收到车载电网控制单元 J519 的电源信号，可能的故障原因为：
1) 左后雾灯 L46 至车载电网控制单元 J519 之间的电路故障。
2) 车载电网控制单元 J519 局部故障。

4. 测量车载电网控制单元 J519 的输出电压

打开点火开关，操作后雾灯开关，测量车载电网控制单元 J519 的端子 T52c/47 的对地电压，测量结果为 0V→+B，标准为 0V→+B，测量结果为正常。

由于左后雾灯 L46 的端子 3 至车载电网控制单元 J519 的端子 T52c/47 之间的电压差为 +B，且一端为零，说明左后雾灯 L46 的端子 3 至车载电网控制单元 J519 的端子 T52c/47 之间的电路断路。简单修复后，故障排除。

5. 诊断结论：
1) 前雾灯开关 E7 的端子 T10j/5 到车载电网控制单元 J519 的端子 T52a/21 之间的电路断路。
2) 左后雾灯 L46 的端子 3 到车载电网控制单元 J519 的端子 T52c/47 之间的电路断路。

【故障机理】

1) 前雾灯开关 T10j/5 到车载电网控制单元 J519 的端子 T52a/21 之间的电路断路，导致车载电网控制单元 J519 无法收到前雾灯开关信号。示廓灯档时,打开后雾灯开关后,灯光系统进入应急状态,近光灯异常亮起。

2)左后雾灯 L46 的端子 3 到车载电网控制单元 J519 的端子 T52c/47 之间的电路断路,导致在开启后雾灯开关时,后雾灯无法正常亮起。

3)更换或修复相关电路。

【任务记录单】

班级:	姓名:	学号:	车型:
故障现象的确认及描述			
故障原因分析			
测量相关部位的信息记录(含相关数据等)			
对造成故障的相关部位的诊断及维修过程			
确认故障点			
机理分析			
教师确认签字:		日期:	

【任务评价表】

项目	作业	作业内容及评分标准	配分	扣分原因	得分
电器故障	确认故障现象	记录故障状态	5分		
		正确地查阅资料	5分		
	检查测试相关系统部件并记录	确认需检测的系统、部件	5分		
		确认测试点、测试内容	5分		
		说明理由	5分		
	测试机件检查状态	正确地测量	10分		
		正确地选择测量仪器	5分		
		正确地实施检测	10分		
		确认测试插头及电路	5分		
	检测电路	正确地连接测量仪器	10分		
		正确地读取记录数据	10分		
		正确地分析测量结果	10分		
		说明故障点	5分		
	确认故障并排除	确认故障点并排除	5分		
		故障码清除	5分		
		总分			

模块 2

汽车发动机典型故障诊断与检测

项目 3

发动机不能起动故障诊断与检测

【学习目标】

1. 知识目标
1) 了解发动机起动需要的基本条件和工作原理。
2) 掌握发动机不能起动的可能原因。

2. 能力目标
1) 能进行发动机各系统的故障检测与分析。
2) 能制订发动机无法起动的故障诊断方案。

3. 素养目标
1) 遵守企业 7S 要求和安全生产规范。
2) 与同学协调分工、沟通交流、密切合作。
3) 养成自主学习相关知识的习惯。
4) 德技并修,做一名优秀汽车医生。
5) 养成自觉遵守技术标准和技术要求的习惯。
6) 培养学生的工匠精神。

任务 1　发动机不能起动故障综述

【任务描述】

一辆 2009 年款迈腾，行驶里程为 8.2 万 km，车主李先生反映车辆停放一个晚上后不能起动，以前车辆基本正常，没有发生过类似故障，而且车辆按时在维修站进行维护，之前没出现过其他故障，也没有进行过其他维修。

引起该故障的主要原因可能有：发动机点火系统故障、发动机油路系统故障、发动机起动系统故障等。需要对发动机各系统进行检查，确定故障后，进行维修或部件更换并将发动机进行装复。

【相关知识】

一、故障原因分析

车辆无法起动涉及多方面的原因，例如起动系统、点火系统、燃油系统、机械系统、电控系统等方面。

1）燃油量不足：发动机燃油量不足，导致油路无法建立正常的油压。

2）发动机起动系统故障：

① 蓄电池电量不足导致起动机运转无力。

② 蓄电池接线柱接触不良、起动机接线柱接触不良或断路。

③ 起动继电器、起动熔断器、点火开关起动机故障，或者它们之间的电路断路或接触不良。

特别注意：如果是自动档车辆出现起动时起动机不转动，需要查看变速杆是否在 P 位或者 N 位（可观察仪表台的档位指示灯）。

3）防盗系统故障：

① 点火钥匙失效。

② 防盗电控单元或防盗模块故障。

③ 识读线圈故障（不同车型名称不同）。

④ 防盗系统电路故障。

4）点火系统故障火花塞故障：

① 导致火花塞不能点火或火弱，使发动机混合气无法正常燃烧。

② 高压线故障，导致火花塞跳火电压过低或无电压。

③ 点火线圈故障，导致不能产生高压电。

④ 分电器故障，导致高压电不能分配到各缸火花塞。

⑤ 电控单元或点火模块及其电路故障，导致点火系统不能工作。

5) 油路系统故障：

① 喷油器故障：喷油器堵塞、喷油器电路故障、喷油器损坏，导致喷油量过小或不能喷油。

② 油泵故障：油泵工作不良或损坏、油泵电路故障，导致油路油压低或无油压。

③ 油路油压过低：油泵进油滤网堵塞、油泵工作不良、油泵电路接触不良、汽油滤清器堵塞，导致油路油压过低。

④ 油路油压过高：油压调节器故障，导致油压过高、混合气过浓而无法正常燃烧。

6) 点火正时错误：由于正时带过松、正时标记未对正等导致发动机正时偏差过大。

7) 曲轴位置传感器故障：曲轴位置传感器故障、电路故障，信号齿损坏或信号齿与传感器的距离变大，导致信号过弱。

8) 怠速控制系统故障：怠速控制阀卡滞不能打开、节气门体处过脏，导致进气量严重不足。

9) 发动机机械系统故障：气缸磨损严重，进气门、排气门关闭不严，导致气缸压力严重不足。

10) 电控单元或电路故障：电控单元内部故障、电控单元供电电路或搭铁电路存在故障。

11) 燃油品质变差：燃油品质变差导致发动机不能正常燃烧。

12) 传感器故障：发动机曲轴位置传感器故障，或出现其他多个传感器不能工作或工作不良，导致发动机无法正常工作。

二、故障诊断

故障诊断可参考图 3-1 所示故障诊断流程进行。

【任务准备】

一、课前准备

1) 场地设施：举升机 1 台，装有废气抽排系统和消防设施的场地。

2) 设备设施：整车、车辆故障诊断仪。

3) 工具、量具：常用工具（1 套）、示波器、万用表等。

4) 耗材：熔丝、线束等。

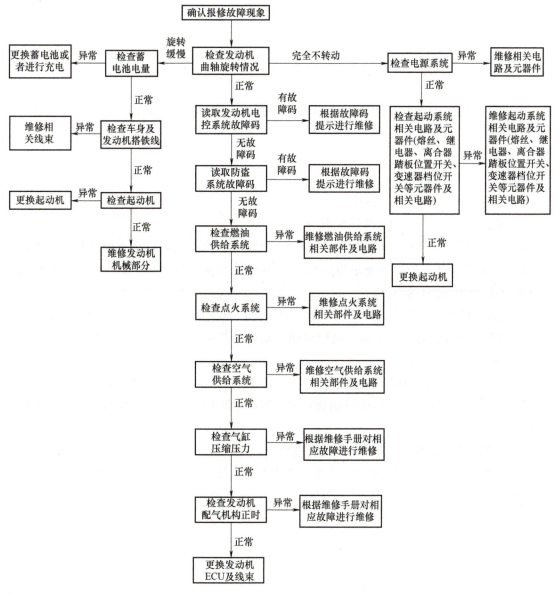

图 3-1　发动机不能起动故障诊断流程

二、注意事项

1）在实训场地应穿戴干净整洁的工服。

2）听从实训指导教师的安排，严格遵守场地安全规定，注意用电安全。

3）在操作过程中，注意拆装工具及万用表、诊断仪等设备的使用，拆下的零部件要轻拿轻放，避免磕碰和损坏。

4）在检测电气与电子元件、部件的电路时，严禁用力拉扯线束。

5）检测电气与电子元件、部件需断开部件插头时，应提前关闭点火开关。

【任务实施】

一、故障原因分析

发动机不能正常起动的原因有点火系统、供油系统、发动机机械部分、发动机控制系统和排气系统故障等。

二、故障诊断与排除

1）通过观察仪表排除相关故障。

① 若显示油量不足，则应先添加燃油。

② 若防盗警告灯几秒钟不熄灭，而是闪烁或常亮，则初步判断防盗系统可能存在故障。

特别提示：有些车型（如桑塔纳2000）在防盗系统发生故障时，发动机能正常起动，只是起动后几秒后会自动熄火。

③ 若发动机故障警告灯几秒钟后不熄灭，而是常亮，说明发动机ECU中已存有故障信息。

④ 若发动机故障警告灯不亮，则很可能发动机电控单元的供电、搭铁电路存在故障，也有可能是电控单元故障。

2）给起动机通电，观察起动机运转情况。

① 若起动机运转无力，则检测起动系统，蓄电池可能亏电、起动电路可能存在故障、起动机可能存在故障。

② 若起动机运转正常，则进行其他的检测。

特别注意：在给起动机通电时，要注意观察发动机转速表是否摆动。若发动机转速表表针不动，则很可能是发动机转速传感器发生故障。遇此情况，应重点检测发动机转速传感器（曲轴位置传感器）。

3）利用故障诊断仪读取故障码，查看数据流。

注意：若故障诊断仪无法与发动机电控单元进行通信，而能够进入其他电控系统（如ABS、安全气囊系统），则应该检查发动机电控单元的供电电路和搭铁电路，这些地方可能存在故障。

① 若发动机电控单元中存在故障码，则应该对故障码进行分析，按照故障码进行故障查找。然后看一下与起动有关的数据流，例如冷却液温度传感器、节气门位置传感器等的信息。

② 若发动机电控单元中不存在故障码，则应进行下面的检测。

4）检测点火是否正常，喷油器是否正常工作，油泵是否工作。首先给起动机通电（有些车打开点火开关，油泵会工作几秒钟），查看油泵是否在工作。

① 若发动机能点火、喷油器也工作，但油泵不工作，则应检查油泵及其相应的电路是否存在故障。

② 若火弱，则应查找点火系统相关部件，如检查火花塞是否存在故障、高压线是否电

阻过大等。

③ 若无火，喷油器工作，则应查找点火模块及电路。

④ 若无火，喷油器也不工作，则应查看曲轴位置传感器，必要时还要查看正时是否严重错误，电控单元及电路是否有故障。

⑤ 若火正常，喷油器不工作，则喷油器电路可能存在故障。

⑥ 若火正常，喷油器工作正常，则应检查油路油压是否存在异常。若油压正常，则应检查怠速控制阀是否存在故障，另外查看发动机正时是否存在问题、发动机气缸压力是否不足。

特别提示：发动机无法起动时，应检查是否存在燃油变质的问题。

5）检查发动机电控单元。发动机电控单元（ECU）故障可能会导致混合气浓度不当、点火正时有误等，导致发动机无法起动。

6）检查发动机机械部分接上气缸压力表，检查气缸压力，如果气缸压力不足，可能是活塞与气缸壁磨损严重、气门油封损坏、气门与气门导管磨损严重、活塞环间隙过大等机械原因造成的，应拆检发动机，排除故障。

【任务记录单】

	班级：	姓名：	学号：	车型：
故障现象的确认及描述				
故障原因分析				
测量相关部位的信息记录（含相关数据、故障码等）				
对于造成故障的相关部位的诊断及维修过程				
确认故障点				
机理分析				
教师确认签字：			日期：	

【任务评价表】

项目	作业	作业内容及评分标准	配分	扣分原因	得分
发动机故障	确认故障现象	记录故障状态	5分		
		正确查阅资料	5分		
	检查测试相关系统部件并记录	确认需检测的系统、部件	5分		
		确认测试点测试内容	5分		
		说明理由	5分		
	测试机件	正确测量	10分		
	检查状态	正确选择测量仪器	5分		

(续)

项目	作业	作业内容及评分标准	配分	扣分原因	得分
发动机故障	检测电路	正确实施检测	10分		
		确认测试插头及电路	5分		
		正确连接测量仪器	10分		
		正确读取记录数据	10分		
		正确分析测量结果	10分		
	确认故障并排除	说明故障点	5分		
		确认故障点并排除	5分		
		故障码清除	5分		
		总分			

任务 2　迈腾 EPC 灯不亮，起动机不运转故障诊断与检测

起动系统故障诊断与检测 1-理论

起动系统故障诊断与检测 1-实操

【故障现象】

打开点火开关，转向盘解锁，EPC 灯不亮。紧接着起动发动机，起动机不运转，发动机无法起动。

【故障分析】

由于打开点火开关时，转向盘正常解锁，说明防盗系统已经验证通过，EPC 灯不亮，加之起动机不运转，可以推断发动机控制模块工作异常。

起动系统原理图如图 3-2 所示。

项目3 发动机不能起动故障诊断与检测

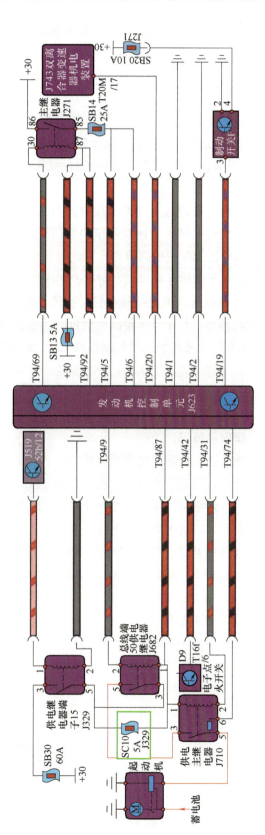

图3-2 起动系统原理图

对于迈腾 1.8TSI 轿车，在打开点火开关时，发动机控制模块会通过两个渠道获得点火开关的信号，一个是通过 T94/87 的端子电压感知，一个是通过 CAN 总线系统获得。当仅仅获得 CAN 总线信息时，发动机控制模块会控制主继电器 J271 闭合一段时间，然后恢复断电状态，诊断时需要注意。

基于以上控制逻辑，如果在打开点火开关后立即操作解码器，多数情况下解码器可以与发动机控制模块进行正常通信，但过段时间后通信就会自动中断，再次打开点火开关时结果一样；如果是在打开点火开关一段时间（长短不等）后再操作解码器，则解码器无法到达发动机控制单元 J623。

由此可以产生两种思路：一种是打开点火开关一段时间（长短不等）后再操作解码器扫描网关，发现发动机控制模块无法通信，其他控制模块通信正常，加上 EPC 灯不亮、起动机不转，由此判断发动机控制模块及相关电路异常，由此展开诊断；一种是基于打开点火开关后立即操作解码器，多数情况下解码器可以与发动机控制模块进行正常通信，但过段时间后通信就会自动中断，再次打开点火开关时结果一样，推断发动机没有接收到正确（完全）的点火开关信号，加之解码器可以与发动机控制模块进行通信，说明 CAN-BUS 没有故障、车辆 15#电源电路正常，由此可以推断发动机控制模块 15#电源电路存在故障。

【故障诊断】

第一步：扫描网关列表，读取故障码。

对于具有自诊断功能的系统，读取故障记忆是所有检测工作的第一步。如果有故障码，应清楚故障码的定义和生成的条件，并基于此展开诊断和故障检修。

实测结果分为两种情况：第一种情况是在打开点火开关后立即操作解码器，多数情况下解码器可以正常通信，但过段时间后通信中断，再次打开点火开关时结果一样；第二种情况是在打开点火开关一段时间后操作解码器，解码器信号无法到达发动机控制单元 J623，但其他控制单元通信正常，且在地址码 53 和地址码 03 中存在发动机控制单元无通信的故障码；利用解码器读取 CAN-BUS 系统故障，解码器会显示"发动机无法进入"的故障，此时可用别的方法锁定发动机控制模块无法进入。

第一种情况说明发动机控制模块 15#电源电路存在故障，应直接进行"第七步：检查发动机控制单元 J623 的点火开关信号（15#）"的测量。

第二种情况说明发动机控制模块无法进入，由于解码器未报 CAN-BUS 相关故障，而且解码器能进入其他系统，因此造成发动机无法进入的原因为：

1) 发动机控制模块自身故障。
2) 发动机控制模块电源电路故障。
3) CAN-BUS 系统局部故障。

为确定具体故障所在及考虑故障概率的问题，可先进行电路测试，再考虑更换元件。

由于发动机控制单元 J623 的主电流供给端子 T94/5 和 T94/6 的电压是由其端子 T94/69

通过控制主继电器J271的运行来进行控制的，而端子T94/69的电压在端子T94/1和T94/2搭铁正常的情况下受控于端子T94/87的点火开关信号（15#）。因此，根据其中的控制逻辑，不建议对所有供电端子的电压同时进行测量，而应按控制逻辑的相反顺序进行测量。

第二步：检查发动机控制模块电源供给情况。

打开点火开关，用汽车专用万用表测量发动机控制单元J623的端子T94/5和T94/6对地电压。正常情况下，两个端子电压应为蓄电池电压。如果为蓄电池电压，表明供电未见异常，造成发动机控制模块无法进入的故障原因可能在控制模块自身；如果端子T94/5和T94/6对地电压未达到蓄电池电压，即为0或0~蓄电池电压间的某个数，则故障原因可能为：

1) SB14与端子T94/5、T94/6之间电路故障。

2) SB14及其上游电路故障。

实测结果：在打开点火开关时，发动机控制单元J623的端子T94/5和T94/6对地电压均从0跳跃到蓄电池电压，过数秒后变为0。

为确定故障具体是1）或者2），可通过测量SB14的输入端电压来判定，但由于无法确定SB14哪端为输出端，因而需对SB14两端对地电压同时进行测量。

第三步：测量SB14两端对地电压。

保持点火开关打开，用汽车专用万用表测量SB14两端对地电压。正常情况下，SB14两端对地电压应为蓄电池电压。如果两端对地电压均为蓄电池电压，说明故障点在SB14与端子T94/5和T94/6之间电路上；如果SB14一端为蓄电池电压，而另外一端为0，说明故障点在SB14自身；如果SB14两端均为0或0~蓄电池电压间的某个数，说明故障原因可能为：

1) SB14与主继电器J271的端子87之间电路故障。

2) 主继电器J271及其相关电路故障。

实测结果：SB14两端对地电压均为0。

第四步：测试主继电器J271的输出。

对继电器的工作情况进行判定，可通过继电器电流输出端的电压值进行判定。不建议同时对继电器的所有端子进行测量。

保持点火开关打开，用汽车专用万用表检测主继电器J271的端子87对地电压。正常情况下，该端子电压应为蓄电池电压。如果测试结果未见异常，说明故障点可能在SB14与主继电器J271的端子87之间的电路上。如果测试结果为0或0~蓄电池电压间的某个数，说明主继电器J271继电器输出异常，可能故障原因为：

1) 主继电器J271自身故障。

2) 主继电器J271电源电路故障。

3) 主继电器J271控制电路故障。

实测结果：主继电器J271的端子87对地电压为零。想要判定继电器工作异常是由以上3种原因中的哪个造成，一般通过先测量继电器工作状态时的线圈控制端端子86、开关输入端端子30的电压，再测线圈供电端端子85的电压来进行判定，也可以同时对端子85、

86、30 的电压进行测量。

注意：对继电器的测量最有效的方法是用 T 形线将继电器座与继电器分开并连接，第 3 条线用来测量各插接器在工作状态时的电压。

第五步：检查主继电器 J271 的电源、测试控制信号。

保持点火开关打开，用汽车专用万用表测量继电器。

正常情况下，端子 30、86 的对地电压的标准为：端子 30 始终为蓄电池电压，端子 86 为 0～蓄电池电压。

如果端子 30 对地电压始终为零，说明主继电器 J271 的端子 30 与蓄电池正极间电路存在断路故障；如果在打开点火开关时，端子 30 对地电压为蓄电池电压，而在起动时降低过多（如 9V 以下），说明主继电器 J271 的端子 30 与蓄电池正极间电路虚接。

如果主继电器 J271 的端子 86 对地电压始终保持为蓄电池电压，说明主继电器 J271 继电器没有接收到发动机控制模块 J623 的控制信号，可能故障原因：

1) 主继电器 J271 的端子 86 与发动机控制单元 J623 的端子 T94/69 间电路断路。

2) 发动机控制单元 J623 未发出继电器控制信号。

如果主继电器 J271 的端子 86 对地电压始终保持 0，说明：

1) 主继电器 J271 自身故障。

2) 主继电器 J271 的端子 85 未达到蓄电池电压。

测试结果：主继电器 J271 的端子 86、30 对地电压均始终为蓄电池电压，说明端子 86 电压正常，端子 30 电压异常，主继电器 J271 未接收到继电器控制信号。

第六步：检查发动机控制单元 J623 的主继电器 J271 控制信号输出。

维持点火开关打开，用汽车专用万用表测量发动机控制单元 J623 的端子 T94/69 对地电压。正常情况下，其标准为 0。如果发动机控制单元 J623 的端子 T94/69 对地电压始终保持蓄电池电压，说明发动机控制单元 J623 没有发出继电器控制信号，可能故障原因为：

1) 发动机控制单元 J623 自身故障。

2) 发动机控制单元 J623 搭铁及端子 15 信号电路故障（控制条件）；由于初次打开点火开关时，发动机控制模块会有一段时间的电源电压供给，说明发动机控制模块的搭铁电路没有问题，暂时可以不用考虑。

第七步：检查发动机控制单元 J623 的点火开关信号（端子 15）。

维持点火开关打开，用万用表测试发动机控制单元 J623 的端子 T94/87 的对地电压。正常情况下，端子 T94/87 对地电压应为蓄电池电压。如果端子 T94/87 对地电压为 0V 或部分蓄电池电压，说明发动机控制单元 J623 的点火开关信号电路存在故障，可能故障原因为：

1) 发动机控制单元 J623 的端子 T94/87 与熔丝 SC10 之间电路断路。

2) 熔丝 SC10 本身及供电电路故障。

实测结果：发动机控制单元 J623 的端子 T94/87 的对地电压始终为 0V，异常。

第八步：检查熔丝 SC10 两端电压。维持点火开关打开，用万用表测试熔丝 SC10 两端的对地电压。正常情况下，熔丝 SC10 两端对地电压应为蓄电池电压。如果两端始终为 0，则说明熔丝的上游电路存在故障；如果两端电压正常，结合上步测试结果，说明熔丝 SC10 到发动机控制单元 J682 的端子 1 之间电路断路，应予以检修；如果熔丝的一端为蓄电池电压，而另外一端为部分蓄电池电压，说明熔丝虚接。

实测结果：熔丝 SC10 的一端为蓄电池电压，而另外一端为 0V，说明熔丝断路。

【故障机理】

熔丝 SC10 断路，导致发动机 ECU 不工作。更换熔丝 SC10 后进行试验，故障排除，系统恢复正常。

【任务记录单】

班级：	姓名：	学号：	车型：
故障现象的确认及描述			
故障原因分析			
测量相关部位的信息记录（含相关数据、故障码等）			
对造成故障的相关部位的诊断及维修过程			
确认故障点			
机理分析			
教师确认签字：		日期：	

【任务评价表】

项目	作业	作业内容及评分标准	配分	扣分原因	得分
起动机故障	确认故障现象	记录故障状态	5分		
		正确查阅资料	5分		
	检查、测试相关系统部件并记录	确认需检测的系统、部件	5分		
		确认测试点测试内容	5分		
		说明理由	5分		
	测试机件	正确地进行测量	10分		
	检查状态	正确地选择测量仪器	5分		

(续)

项目	作业	作业内容及评分标准	配分	扣分原因	得分
起动机故障	检测电路	正确地实施检测	10分		
		确认测试插头及电路	5分		
		正确地连接测量仪器	10分		
		正确地读取记录数据	10分		
		正确地分析测量结果	10分		
		说明故障点	5分		
	确认故障并排除	确认故障点并排除	5分		
		故障码清除	5分		
		总分			

任务3　迈腾仪表正常，起动机不运转故障诊断与排除

起动系统故障诊断与检测2-理论

起动系统故障诊断与检测2-实操

【故障现象】

打开点火开关，仪表显示无异常。起动发动机，起动机不运转，起动机内无触点吸合的声音。

【故障分析】

故障现象表明起动机内无触点吸合的声音，因此应该围绕此现象进行故障分析，通常有三方面的可能：起动机自身故障；起动机搭铁电路故障；起动机控制电路故障。

电路图参考图3-2所示。

【故障诊断】

第一步：读取故障码。

故障码为 12424：起动机继电器电路电气故障，根据含义只能确定在发动机起动过程中，发动机控制单元 J623 没有接收到正常的起动系统反馈信号，加上起动机确实不转，说明起动机的端子 TV1 可能没有收到起动控制信号，因此通过测量发动机控制单元 J623 的端子 T94/74 或者继电器 J710 的端子 6、5 的对地电压，都可以验证故障码的真实性。

有两种验证方法：

1. 读 170 起动数据组

1 区：50 请求正常；2 区：50 反馈异常；3 区：继电器 J682 接通；4 区：继电器 J710 接通。

根据上述数据可以知道，发动机控制单元 J623 已经接收到了 50 请求信号，并且发出了针对继电器 J682 和 J710 的控制信号，但 50 反馈信号异常，说明故障应该在起动继电器 J710、J682 及其相关电路上，但具体哪里无法确认。

2. 测量发动机控制单元 J623 的端子 T94/74 或者继电器 J710 的端子 6、5 的对地电压

在正常情况下，发动机控制单元 J623 的端子 T94/74 或者继电器 J710 的端子 6、5 是同一电路，测量任何一点对地电压都可以验证故障码的真实性。由于发动机控制单元 J623 的端子 T94/74 可以通过适配设备进行测量，因此可以从此着手进行测试。

在起动发动机的过程中，用汽车专用万用表测量发动机控制单元 J623 的端子 T94/74 的对地电压，正常情况下该端子电压应从打开点火开关时的 0 切换到起动状态时的 +B，否则都说明系统存在故障。

如果该端子的电压始终维持为零，说明端子 T94/74 通过继电器 J710 的端子 6、5、起动机及其搭铁电路始终搭铁，故障可能在以下两个方面：

1) 继电器 J710 及其相关电路存在故障。
2) 发动机控制单元 J632 的端子 T94/74 到继电器 J710 的端子 6 之间的电路存在故障。

此时应先排除 2) 对应的电路故障，然后再排除 1) 对应的电路故障。

如果该端子电压从一个较低的电压（在非起动状态时，发动机控制单元 J623 的端子 T94/74 管脚会提供一个较低的基准电压，用于监测继电器的输出）跳跃到 +B，说明该点与搭铁之间电路断路，故障原因可能为：

1) 起动机端子 TV1 到 J710 继电器的端子 5 之间的电路可能存在故障。
2) 起动机及搭铁电路存在故障。

如果该端子的电压始终维持在较低的参考电压，则说明该点既没有通过起动机与搭铁相连，在起动过程中也没有与蓄电池正极相连，可能有三个方面的故障原因：

1) 继电器 J710 及其相关电路存在故障。
2) 发动机到继电器 J710 的端子 5 之间的电路存在故障。
3) 起动机及搭铁电路存在故障。

实测结果：起动时，发动机控制单元 J632 的端子 T94/74 对地电压接近零。

第二步：测量继电器 J710 的端子 5、6 的对地电压（如果没有测量发动机控制单元 J623 的端子 T94/74 对地电压，在有必要文字说明的情况下可以直接进行该步测量）。

在起动发动机的过程中，用汽车专用万用表测量继电器 J710 的端子 5、6 的对地电压。正常情况下，该端子电压应从打开点火开关时的 0V 切换到起动状态时的 +B，否则都说明系统存在故障。

如果该端子电压从零跳跃到 +B，说明起动机到继电器 J710 触点到发动机控制单元 J632 的端子 T94/74 之间的电路存在故障。注意：此时起动机应该可以运转，除非还有别的故障。

如果该端子的电压始终维持为零电压，说明可能在继电器 J710 及其相关电路存在故障，具体表现为：

1）继电器 J710 自身故障。
2）继电器 J710 电源电路故障。
3）继电器 J710 控制电路故障。

如果该端子电压从一个较低的电压（在非起动状态时，发动机控制单元 J623 的端子 T94/74 管脚会提供一个较低的基准电压，用于监测继电器的输出）跳跃到 +B，说明该点与搭铁之间电路断路，故障原因可能是：

1）起动机端子 TV1 到继电器 J710 的端子 5 之间的电路可能存在故障。
2）起动机及搭铁电路存在故障，应进行电路检修。

如果该端子的电压始终维持在较低的参考电压，则说明该点既没有通过起动机与搭铁相连，在起动过程中也没有与蓄电池正极相连，可能有 3 个方面的故障原因：

1）继电器 J710 及其相关电路存在故障。
2）起动机到继电器 J710 的端子 5 之间的电路存在故障。
3）起动机及搭铁电路存在故障。

实测结果：继电器 J710 的端子 5、6 对地电压均为零。

第三步：测试继电器 J710 供电及控制信号端子电压。

在起动发动机的过程中，用汽车专用万用表测量继电器 J710 的端子 2、3 的电压。通常情况下，两个端子的电压应满足：端子 2 为 0~+B，端子 3 为空载电压~+B。

如果打开点火开关时，端子 2 的电压为 +B，而起动发动机时切换为 0，此时如果端子 3 电压为 +B，（结合上步测试结果），说明继电器损坏（很难确定具体故障是线圈还是触点，需进行单件测试），应更换继电器；而如果端子 3 电压为空载电压，则说明继电器 J710 供电异常，可能原因：

1）继电器 J710 的端子 3 与继电器 J682 的端子 5 之间的电路存在故障。
2）继电器 J682 自身故障。
3）继电器 J682 电源电路故障。
4）继电器 J682 控制电路故障。

如果端子 2 的对地电压始终维持在蓄电池电压，说明继电器 J710 没有接收到发动机控制单元 J623 的控制信号，可能原因为：

1）继电器 J710 的端子 2 与发动机控制单元 J623 的端子 T94/31 之间电路故障。
2）发动机控制单元 J623 自身及电源电路故障。
3）发动机控制单元 J623 未接收到相关工况信息。

如果端子 2 对地电压始终检测不到蓄电池电压，说明继电器控制线圈及其相关电路存在故障，应予以修理。

实测结果：端子 2 电压从打开点火开关时的+B 切换到起动时的 0，属于正常；而端子 3 电压在起动过程中为零，属于异常。

第四步：测试继电器 J682 电压输出。

在起动发动机的过程中，用汽车专用万用表测量继电器 J682 的端子 5 的电压特性。正常情况下该端子电压应从打开点火开关时的 0 切换到起动状态时的+B，否则说明系统存在一定的故障。如果该端子电压从空载电压跳跃到+B，说明继电器 J682 的端子 5 与继电器 J710 的端子 3 之间的电路存在故障，应进行电路检修。

如果该端子的电压始终为空载电压或零电压，说明继电器 J682 及其相关电路存在故障，具体表现为：

1）继电器 J682 自身故障。
2）继电器 J682 电源电路故障。
3）继电器 J682 控制电路故障。

实测结果：在发动机起动过程中，该端子电压为零。

第五步：测试继电器 J682 供电及控制信号端子电压。

在起动发动机的过程中，用汽车专用万用表测量继电器 J682 的端子 2、3 的电压。正常情况下，两个端子的电压应符合：端子 2 为 0～+B，端子 3 为 0～+B。

如果打开点火开关时，端子 2 的电压为+B，而起动发动机时切换为 0，此时如果端子 3 的电压为+B，（结合上步测试结果），说明继电器损坏（无法确定具体故障部位），应更换继电器。如果打开点火开关时，端子 2 的电压为+B，而起动发动机时切换为 0，此时如果端子 3 的电压为空载电压，说明继电器 J682 供电异常，应检查相关电路。如果打开点火开关时，端子 2 的电压为+B，而起动发动机时端子 2 的电压还保持不变，说明继电器 J682 没有接收到控制信号，可能原因有：

1）继电器 J682 的端子 2 与继电器 J623 的端子 T94/9 之间的电路存在故障。
2）发动机控制单元 J682 自身故障。

如果端子 2 对地电压始终检测不到蓄电池电压，说明继电器控制线圈及其相关电路存在故障，应予以修理。

实测结果：端子 2 的电压正常，端子 3 的电压为+B，说明继电器 J682 可能损坏，具体损坏部位不好确定，只能通过继电器单件测试进行。

第六步：继电器 J682 单件测试（也可以通过测量继电器的端子 1 的电压来确定故障）。

如果进行继电器 J682 单件测试,要求严格按照以下步骤进行:

1)测量继电器端子 1 和 2 之间的电阻,正常值为 60~200Ω,测试结果正常。注意:只有在电阻正常的情况下才能通电测试。

2)端子 2 接蓄电池负极,然后端子 1 接蓄电池正极,用万用表测量端子 3 和 5 之间的电阻,应从无穷大切换到导通。

测试结果:触点无法闭合。

【故障机理】

继电器 J682 损坏,导致起动机电路中断。更换继电器后,起动发动机时,起动机可以运转,故障排除。因为第六步进行的继电器单件测试,则可以说明继电器具体故障,即可以确定是线圈故障还是触点故障,而测量继电器的端子 2 的电压就无法确定故障部位。

【任务记录单】

班级:	姓名:	学号:	车型:
故障现象的确认及描述			
故障原因分析			
测量相关部位的信息记录(含相关数据、故障码等)			
对造成故障的相关部位的诊断及维修过程			
确认故障点			
机理分析			
教师确认签字:		日期:	

【任务评价表】

项目	作业	作业内容及评分标准	配分	扣分原因	得分
起动机故障	确认故障现象	记录故障状态	5分		
		正确查阅资料	5分		
	检查测试相关系统部件并记录	确认需检测的系统、部件	5分		
		确认测试点测试内容	5分		
		说明理由	5分		
	测试机件	正确测量	10分		
	检查状态	正确选择测量仪器	5分		

项目3 发动机不能起动故障诊断与检测

（续）

项目	作业	作业内容及评分标准	配分	扣分原因	得分
起动机故障	检测电路	正确实施检测	10分		
		确认测试插头及电路	5分		
		正确地连接测量仪器	10分		
		正确地读取记录数据	10分		
		正确地分析测量结果	10分		
		说明故障点	5分		
	确认故障并排除	确认故障点并排除	5分		
		故障码清除	5分		
		总分			

任务4　迈腾仪表不亮，起动机不运转故障诊断与检测

汽车起动机不工作故障诊断与检测-理论

汽车起动机不工作故障诊断与检测-实操

【故障现象】

打开点火开关，转向盘解锁（防盗验证通过），但仪表不亮，起动发动机时，起动机不运转。

【故障分析】

可以按照以下两种思路进行：

1）在使用解码器扫描网关时，发现多个控制模块无法通信，加上仪表、空调（面板）等受点火开关控制的系统或设备均不工作，由此推断车辆15#电源线供电异常，由此展开诊断。

2）不考虑整车15#电源线供电的问题，单单考虑发动机控制模块无法通信的故障并由此展开诊断。

推荐采用第一种思路进行分析。由于打开点火开关时，防盗解锁、仪表不亮等，可以推断整车15#电源线供电异常。

【故障诊断】

1. 读取故障码

用解码器扫描网关，发现解码器与发动机控制模块通信异常；解码器与其他控制模块通信异常。

分析测试结果：相关控制模块没有15#电源线供电。

可能原因：继电器J329及其相关电路故障。

诊断思路：

1）由于相关模块都是从继电器J329的端子5获得电源，所以下一步开始测量继电器J329的输出。

2）由于相关控制模块多连有熔丝，这些熔丝均连接到继电器J329的端子5，基于方便测量，可以找任何一个相关熔丝进行测量，例如熔丝SC10。

2. 测试继电器J329的输出

打开点火开关，用万用表测量继电器J329的端子5对地电压，正常情况下应为+B，实测为0V，测试结果异常，可能故障原因：

1）继电器J329自身故障。

2）继电器J329触点供电电路故障。

3）继电器J329电磁线圈控制电路（包含正极和负极）故障。

3. 继电器J329的电源和控制信号测试

打开点火开关，用万用表测量继电器J329的端子3、1对地电压。正常情况下：端子3的对地电压应为+B，端子1的对地电压从点火开关打开前的0到打开后的+B。实测正常，说明相关电路未断，不能排除继电器自身或相关电路故障，先前的故障可能性依然存在，需进行继电器单件测试。

4. 继电器J329单件测试（也可以通过测量继电器的端子2的电压来确定故障）

如果进行继电器J329单件测试，要求严格按照以下步骤进行：

1）测量继电器端子1和2之间的电阻，正常值为60~200Ω，测试结果正常。注意：只有在电阻正常的情况下才能通电测试。

2）将继电器端子2接蓄电池负极，然后将继电器端子1接蓄电池正极，用万用表测量端子3和5之间的电阻，应从无穷大切换到导通。

注意：在安装新的继电器以前，需要检查继电器的型号或管脚排列。

测试结果为触点无法闭合。申请更换继电器后，打开点火开关，仪表板恢复正常，起动发动机时，起动机发出响声（触点吸合），但起动机还是不运转，可能故障原因：

1）起动机自身故障。

2）起动机供电故障（包含正极和负极）。

注意：如果听见触点吸合声，可以检查起动机的供电及搭铁；如果没有听见触点吸合声，可以借助诊断仪根据故障码排除故障。

5. 读取故障码（发现触点吸合时不需要该步骤）

故障码为 12372 起动机不能转动，机械卡死或电气故障。该故障码是在 50R 反馈正常、起动机没有转动（通过发动机转速信号监控）的情况下产生的。造成起动机不运转的可能故障原因：

1）起动机自身故障。

2）起动机供电故障（包含正极和负极）。

6. 检查起动机供电、搭铁

在发动机起动过程中，用万用表测量起动机上的供电和电压中心接线柱的对地电压。正常情况下，供电电压为+B，搭铁电压不高于 0.5V。测试结果为搭铁 0（正常）、供电 0（异常），说明起动机供电电路存在断路，可能故障原因为起动机电源线或连接点（卡子）断路。

7. 检查起动机电源线连接状况

发现断路点，维修后故障排除。

8. 诊断结论

1）继电器 J329 触点损坏。

2）起动机电源连接断路。

【故障机理】

1）由于继电器 J329 触点无法正常闭合，造成相关控制单元不能工作，建议更换。

2）由于起动机电源连接断路，造成起动机无法获得工作电压，不能运转，建议修复或更换电源线。

【任务记录单】

班级：	姓名：	学号：	车型：
故障现象的确认及描述			
故障原因分析			
测量相关部位的信息记录（含相关数据、故障码等）			
对造成故障的相关部位的诊断及维修过程			
确认故障点			
机理分析			
教师确认签字：		日期：	

【任务评价表】

项目	作业	作业内容及评分标准	配分	扣分原因	得分
起动机故障	确认故障现象	记录故障状态	5分		
		正确查阅资料	5分		
	检查测试相关系统部件并记录	确认需检测的系统、部件	5分		
		确认测试点、测试内容	5分		
		说明理由	5分		
	测试机件检查状态	正确测量	10分		
		正确地选择测量仪器	5分		
		正确地实施检测	10分		
	检测电路	确认测试插头及电路	5分		
		正确地连接测量仪器	10分		
		正确地读取记录数据	10分		
		正确地分析测量结果	10分		
	确认故障并排除	说明故障点	5分		
		确认故障点并排除	5分		
		故障码清除	5分		
		总分			

任务 5　迈腾起动机运转，发动机不能着车故障诊断与检测

汽车发动机不启动故障诊断与检测-理论

汽车发动机不启动故障诊断与检测-实操

【故障现象】

打开点火开关后，仪表无异常；起动发动机，起动机运转正常，无任何着车征兆。

【故障分析】

点火系统电路图如图 3-3 所示。

项目3 发动机不能起动故障诊断与检测

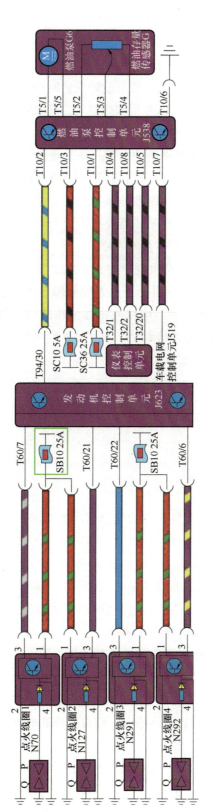

图 3-3 点火系统电路图

气缸内没有任何混合气燃烧的迹象。

可能原因：点火系统故障、燃油系统故障、控制系统故障、机械系统故障。

1）如果故障描述时涉及油泵无预油压的内容，由于没有预油压发动机无法起动，因此可以先排除油压故障，然后进行其他诊断；如果故障描述时没有涉及油泵的内容，结合自诊断功能进行诊断。如果没有故障码，可以直接测试尾气，确定燃油系统存在故障，在排除燃油系统故障后，再进行点火系统的故障诊断。

2）如果在描述故障时没有涉及预供油的内容，在发现排气管 HC 含量过低时，说明喷油器没有或有很少量的燃油喷出，故障原因可能是喷油器没有打开或燃油系统没有油（压）。如果先测试燃油系统压力，在发现燃油系统压力异常、排除燃油系统压力故障后，检测喷油器动作（脉冲信号），进而发现喷油器没有持续喷油。在分析喷油器没有持续喷油的故障可能原因后，继续检查点火系统存在的故障。

3）如果先测试喷油器脉冲信号，会发现喷油器在发动机起动过程中仅仅喷油几次，在分析喷油器没有持续喷油的故障可能原因（点火系统故障、燃油压力故障、发动机转速信号故障、发动机控制模块自身故障）后，可以先排除油压故障，也可以先排除点火系统故障。但排除某一个故障后发动机还是无法起动，通过分析归结到另外一个原因，进而测试燃油系统压力并排除相关故障。

【故障诊断】

1. 读取故障码

有/无故障码（与虚接电阻有关）。

2. 汽油泵测试

打开点火开关，用解码器执行元件驱动功能测试燃油泵运行，但没有燃油泵运行声音，说明油泵及其控制电路故障。

3. 测量燃油泵电动机两端电压（点火开关 OFF→ON）

打开点火开关时、开启车门时或者起动发动机过程中，用万用表测量燃油泵电动机两端的电压差，正常情况下为+B，测量结果为 0（异常），说明燃油泵没有得到工作电压，可能原因为燃油泵控制单元 J538 及相关电路存在故障。

由于燃油泵控制单元 J538 是在电源及搭铁正常的情况下，受控于发动机控制单元 J623 和车载电网控制单元 J519，进而控制汽油泵的运行，在打开点火开关时、开启车门时或者起动发动机过程中燃油泵控制单元 J538 均没有控制信号输出，说明故障可能在燃油泵控制单元 J538 或其电源电路上，为了找到具体原因，应首先排除电源电路故障。

4. 检查燃油泵控制单元 J538 的电源

打开点火开关，用万用表或示波器测量燃油泵控制单元 J538 的供电电路及搭铁电路。正常情况下，30 电（T10/1）对地电压为+B，15 电（T10/3）对地电压为+B，搭铁（T10/6）对地电压为 0（正常）。

实测结果：30 电（T10/1）对地电压为 0（远小于+B，异常），15 电（T10/3）对地电压为+B（正常），搭铁（T10/6）对地电压为 0（正常），说明燃油泵控制单元 J538 供电异常，可能故障原因为：

1）燃油泵控制单元 J538 到熔丝 SC36 之间电路故障。
2）熔丝 SC36 自身及供电电路异常。

5. 检测熔丝 SC36

打开点火开关，用万用表测量熔丝 SC36 两端对地电压。正常情况下应为+B，实测结果：一端为+B，一端远低于+B，两者之间存在较大压差，说明虚接。更换熔丝 SC36 后，油泵开始运转，燃油系统压力恢复正常，但发动机依然没有着车征兆。

6. 尾气分析

在起动发动机的过程中，使用尾气分析仪进行尾气分析。在排气管中能检测到少量的 HC 含量，而 CO、CO_2 的含量几乎为零，O_2 的含量和大气几乎相同。通过这些数据可以确定喷油器没有燃油持续喷出，所以应检查燃油控制系统是否故障。

7. 检查燃油系统压力

起动过程中，用解码器读取油轨压力（106/2）测量值（起动档）：01 区显示 1bar 左右（$1bar=10^5Pa$，异常）；标准油压为 40bar 左右，说明低压燃油系统存在故障，可能故障原因：

1）油泵及其控制电路故障。
2）油管故障。

8. 检查喷油器工作

起动发动机时，用示波器测量喷油器控制端子对地波形，可以检测到 1~3 个周期的脉冲信号，之后就不能再检测到脉冲信号。

如果在发动机起动过程中喷油器不能持续喷油，说明发动机控制模块切断了燃油喷射，可能故障原因为：

1）点火系统故障，造成所有火花塞均不点火。
2）发动机控制模块自身故障。

根据故障现象确定所有火花塞均未点火，故障可能在公共电源或搭铁电路，加上熔丝 SB10 给所有点火模块供电，方便检测，因此可以从熔丝开始检测。

9. 熔丝 SB10 供电检查

起动发动机的过程中，用示波器或专用万用表（带示波功能）测量熔丝 SB10 两端（实际是测量所有点火线圈的供电）对地电压波形，正常情况应为+B。通过波形可以看出，一端始终为+B，另外一端在点火线圈工作时电压会降到 4.5V（该数值与虚接电阻大小有关），说明熔丝有虚接故障。更换熔丝后故障排除，发动机可正常起动。

10. 诊断结论

1）燃油泵控制单元 J538 的电源熔丝 SC36 虚接故障。
2）点火线圈正极熔丝 SB10 虚接故障。

【故障机理】

1）由于继电器 J538 的电源熔丝 SC36 虚接，造成继电器 J538 无法控制油泵的运行，发动机无法起动。

2）由于点火线圈正极熔丝 SB10 虚接，造成所有火花塞不能点火，基于发动机的溢油控制，喷油器经系统自检后会中断工作，以保护三元催化转化器。

【任务记录单】

	班级：	姓名：	学号：	车型：
故障现象的确认及描述				
故障原因分析				
测量相关部位的信息记录（含相关数据、故障码等）				
对造成故障的相关部位的诊断及维修过程				
确认故障点				
机理分析				
教师确认签字：			日期：	

【任务评价表】

项目	作业	作业内容及评分标准	配分	扣分原因	得分
发动机故障	确认故障现象	记录故障状态	5分		
		正确查阅资料	5分		
	检查测试相关系统部件并记录	确认需检测的系统、部件	5分		
		确认测试点、测试内容	5分		
		说明理由	5分		
	测试机件	正确测量	10分		
	检查状态	正确地选择测量仪器	5分		
		正确地实施检测	10分		
		确认测试插头及电路	5分		
	检测电路	正确地连接测量仪器	10分		
		正确地读取记录数据	10分		
		正确地分析测量结果	10分		
		说明故障点	5分		
	确认故障并排除	确认故障点并排除	5分		
		故障码清除	5分		
		总分			

项目 4

发动机怠速不稳故障诊断与检测

【学习目标】

1. 知识目标

1) 掌握发动机怠速不稳的可能原因。
2) 了解发动机怠速工作原理。

2. 能力目标

1) 能进行发动机怠速不稳的故障检测。
2) 能制订发动机怠速不稳的故障诊断方案。

3. 素养目标

1) 遵守企业 7S 要求和安全生产规范。
2) 与同学协调分工、沟通交流、密切合作。
3) 养成自主学习相关知识的习惯。
4) 德技并修,做一名优秀汽车医生。
5) 养成自觉遵守技术标准和技术要求的习惯。
6) 培养学生的工匠精神。

任务 1　发动机怠速不稳故障综述

发动机运行不良故障诊断与检测 1

【任务描述】

一辆迈腾 1.8T 轿车，发动机型号为 BYJ，行驶里程为 5.8 万 km，车主李先生反映该车最近发动机怠速抖动严重，加速无力，而该车一直在维修站按时进行维护。

引起该故障的主要原因可能是发动机点火系统故障、发动机油路系统故障、发动机进气控制系统故障等。需要对发动机各系统进行检查，确定故障后，进行维修或部件更换并将发动机进行装复。

【相关知识】

一、故障原因分析

发动机怠速不稳可能有多方面的原因，例如点火系统、燃油供给系统、进气系统、排气系统、机械系统以及发动机辅助控制系统故障等。

1. 进气道或与其相连的气体管路及阀体泄漏

多余的空气进入进气道或进气歧管，会使发动机混合气偏稀，导致发动机怠速不稳。同样，发动机怠速时，若排气再循环系统故障，使排气进入发动机，也会导致发动机怠速不稳。常见故障原因有：进气总管卡子松动或胶管破裂；进气歧管衬垫漏气；喷油器密封圈漏气；真空管插头脱落、破裂；曲轴箱强制通风（PCV）阀开度大；活性炭罐电磁阀关闭不严或者常开；排气再循环（EGR）阀关闭不严等。

2. 节气门或进气道积垢过多

若节气门或周围进气道的积炭、污垢过多，会使空气通道截面积发生变化，使得电控单元无法精确控制怠速进气量，造成怠速不稳。

3. 怠速空气控制元件故障

怠速空气控制元件指控制发动机怠速的怠速电磁阀或怠速电动机。若这些怠速空气控制元件发生故障不工作、工作不良或者阀体上有油污和积炭，都会导致怠速空气控制不准确，使发动机怠速不稳。

4. 进气量控制失准

若发动机冷却液温度传感器、进气压力传感器、空气流量传感器等传感器或其电路发生故障，电控单元就会接收到错误信号而进行错误的怠速控制，引起发动机怠速进气量控制失准。

5. 燃油供给系统故障

1）喷油器故障。发动机个别缸的喷油器不工作或工作不良，以及各缸的喷油器喷油量不均、雾化不好，会使各缸发出的功率不一致，从而导致发动机怠速不稳。

2）燃油压力故障。油压过低会使喷油器喷出的燃油雾化不良，且使喷油量减少导致混合气过稀；油压过高会使实际喷油量增加，使混合气过浓，这两种情况都能导致发动机怠速不稳。常见的燃油压力故障原因有：燃油滤清器堵塞、燃油泵滤网堵塞、燃油泵工作不良、油管变形、燃油压力调节器故障等。

3）喷油量失准。若发动机冷却液温度传感器、进气压力传感器、空气流量传感器等传感器或其电路发生故障时，电控单元就会接收错误信号而进行错误的怠速控制，引起发动机怠速喷油量控制失准。

6. 点火系统故障

1）点火模块与点火线圈故障。对于独立点火的发动机，个别缸点火模块或点火线圈不工作或工作不良，导致个别缸不工作或工作不良，造成发动机怠速不稳。其故障原因如点火模块损坏，点火模块的电源电路、信号电路故障；点火线圈损坏或工作不稳定等。

对于非独立点火的发动机，若点火模块或点火线圈工作性能不稳定同样会造成发动机怠速不稳。

2）火花塞与高压线故障。火花塞、高压线故障导致火花能量下降或失火，其常见故障原因有火花塞间隙不正确；火花塞电极烧蚀或损坏；火花塞电极有积炭；火花塞磁绝缘体有裂纹；高压线电阻过大；高压线绝缘外皮或插头漏电；分火头电极烧蚀或绝缘不良。

3）点火提前角失准。由于发动机曲轴位置传感器、凸轮轴位置传感器及其电路故障，导致电控单元收到错误信号使点火提前角不正确。

7. 机械部分故障

1）配气机构故障。配气机构故障导致个别气缸的功率下降过多，从而使各气缸功率不平衡，其常见故障原因有：正时带安装位置错误，使各缸气门的开闭时间发生变化，导致配气相位失准，各气缸燃烧不正常；气门工作面与气门座圈积炭过多，气门密封不严，使各气缸压缩压力不一致；凸轮轴的凸轮磨损，各缸凸轮的磨损不一致导致各气缸中进入的空气量不一致；气门相关件有故障，如气门推杆磨损或弯曲、摇臂磨损、气门卡住或漏气、气门弹簧折断等。

若进气门背部存在大量积炭，则冷起动后积炭会吸附刚喷入的燃油，使进入气缸的燃油量减小、混合气过稀，从而导致冷车刚起动时怠速不稳。

此外，装有液压挺杆的发动机，在通往气缸盖的机油道上安装有一个泄压阀，当压力高于300kPa时，该阀打开。如果该阀堵塞，会使机油压力过高从而使液压挺杆伸长过多，导致气门关闭不严。

2）发动机体、活塞连杆机构故障。发动机体的常见故障有：气缸衬垫烧蚀或损坏，造成单缸漏气或两缸之间漏气；活塞与气缸磨损，气缸圆度、圆柱度超过偏差；气缸进水后导致连杆弯曲，改变压缩比。活塞连杆机构的常见故障有：活塞环端隙过大、对口或断裂，活塞环失去弹性；活塞环槽内积炭过多。发动机体、活塞连杆机构的这些故障都会使个别气缸功率下降过多，从而使各气缸功率不平衡。

3）其他原因。

对于装备排气再循环系统的发动机，若EGR阀由于积炭等原因发生卡滞并在发动机怠速时开启，会使一部分排气进入燃烧室，导致发动机燃烧变得不稳定，从而使怠速不稳。

发动机曲轴、飞轮等转动部件动平衡不合格，以及发动机支撑胶垫损坏、松动，同样会引起发动机怠速不稳。

二、故障诊断

故障诊断可参考图4-1所示的诊断流程进行。

【任务准备】

一、课前准备

1）场地设施：举升机1台，装有废气抽排系统和消防设施的场地。
2）设备设施：整车、车辆故障诊断仪。
3）工具、量具：常用工具（1套）、示波器、万用表等。
4）耗材：熔丝、线束等。

二、注意事项

1）在实训场地应穿戴干净整洁的工服。
2）听从实训指导教师的安排，严格遵守场地安全规定，注意用电安全。
3）在操作过程中，注意拆装工具及万用表、诊断仪等设备的使用，拆下的零部件要轻拿轻放，避免磕碰和损坏。
4）在检测电气与电子元件、部件的电路时，严禁用力拉扯线束。
5）检测电气与电子元件、部件需断开部件插头时，应提前关闭点火开关。

项目 4　发动机怠速不稳故障诊断与检测

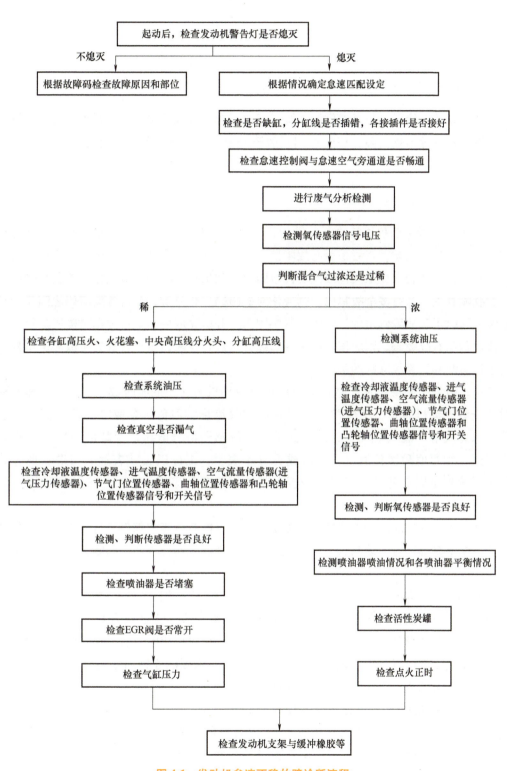

图 4-1　发动机怠速不稳故障诊断流程

【任务实施】

一、故障原因分析

发动机怠速不稳可能是燃油供给系统、点火系统、进气系统、排气系统、机械系统、其他辅助控制系统等出现故障，应先要判断故障是单缸工作不良导致的还是多缸工作不良导致的。

二、故障诊断与排除过程

(1) 利用故障诊断仪进行诊断 发动机电控单元都具有自诊断功能，因此应该先利用电控单元的自诊断功能，查看是否有故障信息记录，从而为维修人员提供诊断方向。首先读取故障码，查看是否存在永久性或偶发性故障码。如果有故障码，应该分析哪些故障码与怠速不稳故障有关。若有多个故障码，则应该对故障码进行分析，分析各故障码之间是否具有关联性，同时了解故障码发生的原因、影响因素。分析完成后，即可根据故障码进行下一步的检修。若没有故障码，则应该按照常规诊断方法进行诊断，重点检查发生故障但电控单元不能进行监测和记录故障码的部件。

其次，查看分析数据流。数据流可以提供发动机运转中的实时数据。发生怠速不稳故障时要查看发动机转速、节气门开度、怠速空气流量学习值、怠速空气调节值、怠速学习值、怠速调节、吸入空气量、点火提前角、传感器信号电压、冷却液温度等数据。数据实时值、学习值和调整值以实际值或百分率表示，工况以文字表示。如果发现有数据流的实际值超出规定范围，则应该分析引起数值偏差的原因，并对相应的部件及电路等进行检修。

此外，可以利用故障诊断仪的主动测试功能对可能有故障的部件进行动态测试，例如对喷油器、燃油泵等进行主动测试，即可观察它们是否能工作，以此来判断其自身及其电路是否有故障。

(2) 其他检测与诊断 根据故障现象、故障码内容、数据流数值确定检测内容，根据检测项目选择万用表、尾气检测仪、燃油压力表、真空表、气缸压力表、示波器等检测设备。尾气检测和波形分析很重要，非独立点火的发动机可以用断缸法迅速找到输出功率小的气缸，使用真空表可以分析影响真空度的具体原因。检测的原则通常是从电到机、从简到繁，尽量在不拆卸或少拆卸的情况下确定故障部位。

诊断提示：在进行发动机怠速不稳的故障诊断时，要注意检查发动机在其他工况是否还存在工作异常情况，如发动机是否有起动不良、加速不良、动力不足、减速熄火等故障。若发动机只是怠速不稳，则在诊断时应该重点考虑影响发动机怠速不稳的故障原因；若还有其他现象，则在诊断时要综合考虑会同时引起多个工况工作异常的故障部位。

三、故障排除小结

发动机怠速不稳故障涉及零部件较广,应由简到繁、由外到内逐步排查,找到原因。

【任务记录单】

	班级:	姓名:	学号:	车型:
故障现象的确认及描述				
故障原因分析				
测量相关部位的信息记录(含相关数据、故障码等)				
对造成故障的相关部位的诊断及维修过程				
确认故障点				
机理分析				
教师确认签字:			日期:	

【任务评价表】

项目	作业	作业内容及评分标准	配分	扣分原因	得分
发动机故障	确认故障现象	记录故障状态	5分		
		正确查阅资料	5分		
	检查测试相关系统部件并记录	确认需检测的系统、部件	5分		
		确认测试点、测试内容	5分		
		说明理由	5分		
	测试机件检查状态	正确测量	10分		
		正确地选择测量仪器	5分		
		正确地实施检测	10分		
	检测电路	确认测试插头及电路	5分		
		正确地连接测量仪器	10分		
		正确地读取记录数据	10分		
		正确地分析测量结果	10分		
		说明故障点	5分		
	确认故障并排除	确认故障点并排除	5分		
		故障码清除	5分		
		总分			

任务 2　迈腾 EPC 灯不灭，发动机怠速抖动故障诊断与检测

【故障现象】

打开点火开关，仪表显示无异常。起动发动机时，车辆可以正常起动，但 EPC 灯不正常熄灭，维持常亮；发动机怠速抖动，进气总管有异响。

【故障分析】

节气门系统原理图如图 4-2 所示。

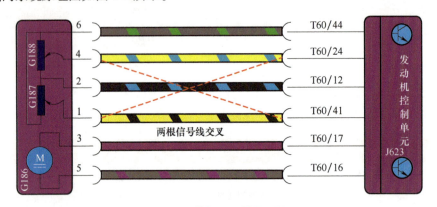

图 4-2　节气门系统原理图

从理论上讲，造成发动机抖动的原因虽然很多，但可归纳为以下几种可能性：

1）发动机的动平衡性较差，造成发动机抖动。这种抖动随发动机转速的提高而加剧。

2）发动机各缸功率不平衡，造成发动机抖动。这种抖动的最大特点是抖动频率与发动机转速同步。

3）发动机动力不足，造成发动机抖动。这种抖动的最大特点就是一旦加速，抖动就消失。

如果有相关故障码提示，就按照故障码的提示进行诊断；如果没有相关故障码提示，则需要分析故障现象，读取相关的数据流和尾气排放数值，发现异常数据，实施诊断。

【故障诊断】

第一步：扫描网关，读取故障码。

打开点火开关，用解码器扫描网关，读取故障码，发现有以下故障码：

1) 05445：节气门控制功能失效。
2) 05464：WPC 节气门驱动-G186 电路电气故障。
3) 08454：节气门控制单元 J338 由于系统故障功率受限。

通过以上故障码可以看出，发动机控制单元 J623 无法控制节气门驱动电动机 G186 的运行，而这会造成发动机无法加速，因此可以围绕该故障码反映的故障可能进行诊断。

第二步：读取节气门位置传感器的数据值，验证故障码的真实性。

打开点火开关，慢慢踩下加速踏板和松开加速踏板，反复多次，用解码器测量节气门位置传感器两个信号的输出，看是否能随加速踏板的动作而正常变化。

1) 节气门角度（电位计1）：83.98%→83.98%（异常），正常值为 15.62%→87.10%。
2) 节气门角度（电位计2）：15.62%→15.62%（异常），正常值为 83.98%→12.10%。
3) 踏板值传感器角度（电位计1）：14.84%→89.06%（正常）。
4) 踏板值传感器角度（电位计2）：7.42%→44.92%（正常）。

通过以上数据流可以看出，加速踏板输出了正常的信号，而节气门位置传感器的信号异常，表现在以下两个方面：

1) 节气门角度（电位计1）的电压始终维持在 83.98%，而该数值等于节气门角度（电位计2）在节气门最小开度时的最高标准电压。
2) 节气门角度（电位计2）的电压始终维持在 15.62%，而该数值等于节气门角度（电位计1）在节气门最小开度时的最低标准电压。

这说明极有可能是节气门角度电位计的两个输入信号交叉导致的，可能故障原因为发动机控制单元 J623 与节气门体之间的电路故障。

由于解码器显示的数据流是通过换算以后显示的，因此显示的结果可能与控制模块的换算是否正确有关，因此需要通过测量控制模块相应端子的输入电压来进一步确认故障范围。

第三步：测量控制模块端节气门角度传感器的两个信号输入端子对地电压。

打开点火开关，用万用表分别测量发动机控制单元 J623 的端子 T60/40、T60/41 对地电压。正常情况下，两个端子对地电压分别为 0 和 5V，实测结果为 5V 和 0，说明两个信号确实交叉了。

第四步：测量节气门角度传感器端两个信号输出端子对地电压。

打开点火开关，用万用表测量节气门体的端子 T6as/1、T6as/4 对地电压。正常情况下，两个端子对地电压分别为 0 和 5V，实测结果为 0 和 5V，说明信号正常。

【故障机理】

通过测试发现节气门位置传感器 1ECU 端信号电压与节气门位置传感器 2 传感器端信号电压相同；同时，节气门位置传感器 1 传感器端信号电压与节气门位置传感器 2ECU 端信号电压相同，说明节气门位置传感器 1 和节气门位置传感器 2 的信号输出端交叉。调换线束后，故障码可以清除，发动机性能恢复正常。

【任务记录单】

	班级：	姓名：	学号：	车型：
故障现象的确认及描述				
故障原因分析				
测量相关部位的信息记录（含相关数据、故障码等）				
对于造成故障的相关部位的诊断及维修过程				
确认故障点				
机理分析				
教师确认签字：			日期：	

【任务评价表】

项目	作业	作业内容及评分标准	配分	扣分原因	得分
发动机故障	确认故障现象	记录故障状态	5分		
		正确查阅资料	5分		
	检查测试相关系统部件并记录	确认需检测的系统、部件	5分		
		确认测试点、测试内容	5分		
		说明理由	5分		
	测试机件	正确测量	10分		
	检查状态	正确地选择测量仪器	5分		
		正确地实施检测	10分		
		确认测试插头及电路	5分		
	检测电路	正确地连接测量仪器	10分		
		正确地读取记录数据	10分		
		正确地分析测量结果	10分		
		说明故障点	5分		
	确认故障并排除	确认故障点并排除	5分		
		故障码清除	5分		
总分					

任务3　迈腾仪表正常，发动机怠速不稳故障诊断与检测

【故障现象】

打开点火开关，仪表显示无异常。发动机起动后，怠速抖动，转速在较大范围内波动。

【故障分析】

节气门系统原理图如图 4-3 所示。

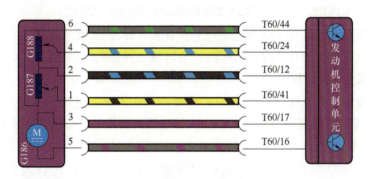

图 4-3　节气门系统原理图

造成发动机抖动的原因如任务 2 中所讲。

发动机转速在较大范围内上下波动，这种情况通常是由于发动机的动力性时大时小造成的，究其原因可能为进气量时大时小，或者混合气时稀时浓、点火正时时早时晚。具体表现在以下几个方面：

① 进气系统、排气系统故障。
② 燃油供给系统故障。
③ 点火系统故障。
④ 发动机电控系统故障。
⑤ 机械故障。

诊断思路：如果有相关故障码提示，就按照故障码的提示进行诊断；如果没有相关故障码提示，则需要分析故障现象，读取相关的数据流和尾气排放数值，发现异常数据，实施诊断。

【故障诊断】

第一步：扫描网关，读取故障码。

打开点火开关,用解码器扫描网关,读取故障码,发现有以下故障码:

1) 00291:节气门/踏板位置传感器/开关 A 高电平输入,静态。

2) 00547:节气门/踏板位置传感器/开关 B 高电平输入,静态。

结合节气门位置传感器电路图以及故障码的含义,确定发动机控制模块同时接收到两个传感器的最高电压,而且维持不变。在正常情况下,两个传感器的信号为互补电压,即在怠速状态时,一个传感器的信号电压为最高电压,一个为最低电压,这与实际情况是相违背的,其可能故障原因为:

1) 发动机控制单元 J623 控制故障。

2) 节气门位置传感器故障。

3) 发动机控制单元 J623 到节气门位置传感器之间电路故障。

第二步:读取节气门位置传感器的数据值,验证故障码的真实性。

打开点火开关,慢慢踩下加速踏板和松开加速踏板,反复多次,用解码器测量节气门位置传感器两个信号的输出,看是否能随加速踏板的动作而正常变化。

1) 节气门角度(电位计 1):87.10%→87.10%(异常),正常值为 15.62%→87.10%。

2) 节气门角度(电位计 2):83.98%→83.98%(异常),正常值为 83.98%→12.10%。

3) 踏板位置传感器角度(电位计 1):14.84%→89.06%(正常)。

4) 踏板位置传感器角度(电位计 2):7.42%→44.92%(正常)。

通过以上数据流可以看出,加速踏板输出了正常的信号,而节气门位置传感器的信号异常,表现在以下两个方面:

1) 节气门角度(电位计 1)的电压始终维持在 87.10%,而该数值等于节气门角度(电位计 1)在节气门最大开度时的最高标准电压。

2) 节气门角度(电位计 2)的电压始终维持在 83.98%,而该数值等于节气门角度(电位计 1)在节气门最小开度时的最低标准电压。

这说明极有可能是节气门角度电位计的搭铁电路断路导致的,可能故障原因是发动机控制模块 J623 与节气门体之间的电路故障。

由于解码器显示的数据流是通过换算以后显示的,因此显示的结果可能与控制模块的换算是否正确有关,因此需要通过测量控制模块相应端子的输入电压来进一步确认故障范围。

第三步:测量节气门位置传感器的信号电压,验证故障码的真实性。

打开点火开关,慢慢踩下加速踏板和松开加速踏板,反复多次,用解码器测量节气门位置传感器两个信号的输出,看是否能随加速踏板的动作而正常变化。

因为故障码已经说明传感器信号处于高位静态,因此利用万用表进行测量就可以了,无须使用示波器测量传感器的信号电压。

打开点火开关,反复踩踏加速踏板,用万用表分别测量发动机控制模块端子 T60/41、T60/24 的对地电压,标准值为 0~5V 的反相互补线性变化,实际测量值为 4.96V 固定不变。测试结果异常,可能故障原因为:

1) 发动机控制单元 J623 与传感器之间电路故障。

2）传感器自身故障。

3）传感器负极电源电路故障。

第四步：检查传感器 G187、G188 信号端子电压，确定故障所在。

打开点火开关，反复踩踏加速踏板，用万用表分别测量节气门位置传感器端子 T6as/1 和 T6as/4 的对地电压，标准值为 0~5V 的反相互补线性变化，实际测量值为 4.96V 固定不变。测试结果异常，可能故障原因为：

1）传感器自身故障。

2）传感器负极电源电路故障。

第五步：检查传感器负极电源端子电压，确定故障所在。

打开点火开关，用万用表测量传感器端子 T6as/6 的对地电压。正常情况下，该端子对地电压应为 0，实测结果为 5V 参考电压，说明传感器端子 T6as/6 电压异常，可能故障原因为：

1）发动机控制单元 J623 与传感器之间电路故障。

2）发动机控制单元 J623 局部故障。

第六步：检查发动机控制单元 J623 端的节气门位置传感器搭铁端子对地电压，确定故障所在。

打开点火开关，用万用表测量发动机控制模块端子 T60/44 的电压。标准值为搭铁电压，测试值为 0V，测试结果正常。

【故障机理】

传感器端子 T6as/6 对地电压为 5V 参考电压，发动机控制单元 J623 端的节气门位置传感器搭铁端子对地电压为 0，说明发动机控制单元 J623 的端子 T60/44 到节气门位置传感器端子 T6as/6 之间电路断路。修复电路后，故障码可以清除，发动机起动后，怠速运转平稳正常，故障排除。

【任务记录单】

班级：	姓名：	学号：	车型：
故障现象的确认及描述			
故障原因分析			
测量相关部位的信息记录（含相关数据、故障码等）			
对造成故障的相关部位的诊断及维修过程			
确认故障点			
机理分析			
教师确认签字：		日期：	

【任务评价表】

项目	作业	作业内容及评分标准	配分	扣分原因	得分
发动机故障	确认故障现象	记录故障状态	5分		
		正确查阅资料	5分		
	检查测试相关系统部件并记录	确认需检测的系统、部件	5分		
		确认测试点、测试内容	5分		
		说明理由	5分		
	测试机件	正确测量	10分		
	检查状态	正确地选择测量仪器	5分		
		正确地实施检测	10分		
	检测电路	确认测试插头及电路	5分		
		正确地连接测量仪器	10分		
		正确地读取记录数据	10分		
		正确地分析测量结果	10分		
	确认故障并排除	说明故障点	5分		
		确认故障点并排除	5分		
		故障码清除	5分		
		总分			

任务 4　迈腾发动机抖动与转动同步故障诊断与检测

【故障现象】

打开点火开关后，仪表显示无异常，起动车后，发动机抖动且抖动与发动机转动同步，初次起动 20s 后排气故障指示灯闪烁，再次起动时排气故障指示灯常亮。

【故障分析】

喷油器系统原理图如图 4-4 所示。

造成发动机抖动的原因如任务 2 中所讲。

发动机抖动与发动机转速同步，说明极有可能是发动机缺缸造成的，可能原因为：某气缸喷油器或其电路故障；某气缸火花塞、点火模块或其电路故障；某气缸密封性或进、排气故障。

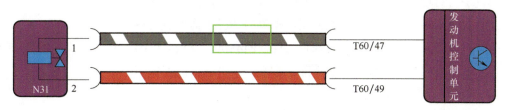

图 4-4 喷油器系统原理图

【故障诊断】

如果有相关故障码提示,就按照故障码的提示进行诊断;如果没有相关故障码提示,则需要分析故障现象,读取相关的数据流和尾气排放数值,发现异常数据,实施诊断。

第一步:扫描网关,读取故障码。

打开点火开关,用解码器扫描网关,读取故障码,发现有以下故障码:

00514:气缸 2 喷射阀-N31 电路电气故障。

00768:检测到不发火。

00770:气缸 2 检测到不发火。

通过以上故障码可以看出,是 2 缸喷油器或其电路故障造成发动机缺缸,可能故障原因为:

1) 喷油器自身故障。

2) 喷油器与发动机控制模块之间电路故障。

3) 发动机控制模块自身故障。

第二步:读取相关数据组,以确定故障所在(注意在有故障码提示时可以不用该步测试)。

在发动机运行过程中,读取失火数(14/3、15/1、15/2、15/3、16/1)数据流:

14/3(失火计数器):0→474(异常),标准值为 4→8。

15/1(气缸 1 计数器):0(正常)。

15/2(气缸 2 计数器):0→474(异常)。

15/3(气缸 3 计数器):0(正常)。

16/1(气缸 4 计数器):0(正常)。

通过以上数据流可以看出,是 2 缸喷油器或其电路故障造成发动机缺缸,可能故障原因为:

1) 喷油器自身故障。

2) 喷油器与发动机控制模块之间电路故障。

3) 发动机控制模块自身故障。

4) 2 缸点火系统故障造成 2 缸喷油器中断燃油喷射。

第三步：对喷油器进行执行元件诊断测试，以确定故障所在。

注意：在不采用读取故障码而采用数据流的情况下需要进行该步测试。

打开点火开关，用解码器进行执行元件诊断测试，发现2缸喷油器不动作，其他缸喷油器工作正常。说明2缸喷油器的确不能正常工作，可能故障原因为：

1）喷油器自身故障。

2）喷油器与发动机控制模块之间电路故障。

3）发动机控制模块自身故障。

第四步：测量2缸喷油器的驱动信号，确定故障所在。

注意：由于迈腾Tsi发动机的喷油器采用了双源控制，即喷油器的正极和负极同时进行控制，因此要想测量能正确反映喷油器工作状况的驱动信号波形，最好是将示波器的负极检测探针连接到喷油器负极信号线上；将示波器的正极检测探针连接到喷油器的正极信号线上。

起动发动机时，用示波器测量喷油器端子T8y/3、T8y/4之间的信号波形。正常情况下，应可以检测到类似图4-5所示的波形。

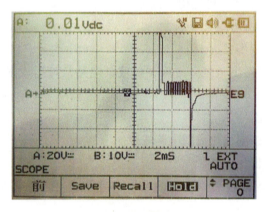

图4-5　喷油器波形

喷油器控制原理（图4-6）：当发动机控制模块决定喷油时，一方面给喷油器搭铁控制端提供合适的搭铁时间，同时通过正极控制端提供两次高压电流脉冲，第一次用40V开关控制电路将针阀拉开，第二次用14V开关控制电路维持针阀的开启，喷油结束时，控制单元将搭铁电路切断，由于电流的减小，会感应出两次反向电动势。

注意：通过图4-6可以看出，1缸和4缸、2缸和3缸分别合用1套14~40V的升压电路，也就是说，在发动机运行过程中，每个气缸工作1次，喷油器正极端子会检测到两个高压脉冲；但只有一次高压脉冲可以形成回路，促使喷油器工作。

实测结果：喷油器波形始终为一条直线（电压幅值为零）。说明喷油器两端没有电压降。可能原因为：

1）发动机控制模块存在故障，未发出控制信号。

2）发动机控制模块与喷油器之间电路存在断路故障。

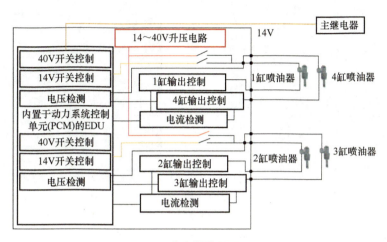

图4-6 喷油器控制原理图

3)喷油器自身断路故障。

第五步:测量2缸喷油器正极电路对地波形(过渡插头端子T8y/3)。

起动发动机时,用示波器测量喷油器过渡插头端子T8y/3对地电压波形。正常情况下,应可以检测到如图4-7所示的波形。

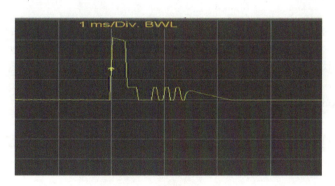

图4-7 喷油器实测波形

实测结果:喷油器波形始终为一条直线(电压为零)。说明喷油器没有得到正极电源供给,可能故障原因为:

1)发动机控制模块存在故障,未发出正极控制信号。

2)发动机控制模块端子T60/47与喷油器端子T8y/3之间电路存在断路故障。

第六步:测量2缸喷油器正极电路对地波形(控制单元端子T60/47)。

起动发动机时,用示波器测量控制单元端子T60/47对地电压波形。正常情况下,应可以检测到如图4-8所示的波形。实际测得如图4-9所示的波形,说明J623正常发出高压信号,但喷油器正极端过渡插头没有收到,说明导线之间存在断路。检修电路后故障排除,发动机性能恢复正常。

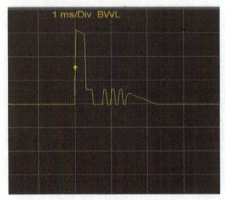
图 4-8 理论波形

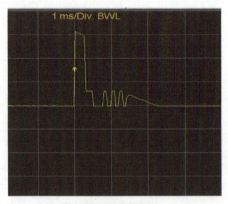
图 4-9 实测波形

【故障机理】

由于发动机控制模块端子 T60/47 与喷油器端子 T8y/3 之间断路，导致 2 缸喷油器不工作。修复发动机控制模块端子 T60/47 与喷油器端子 T8y/3 之间断路电路后系统恢复正常。

【任务记录单】

	班级：	姓名：	学号：	车型：
故障现象的确认及描述				
故障原因分析				
测量相关部位的信息记录（含相关数据、故障码等）				
对造成故障的相关部位的诊断及维修过程				
确认故障点				
机理分析				
教师确认签字：			日期：	

【任务评价表】

项目	作业	作业内容及评分标准	配分	扣分原因	得分
发动机故障	确认故障现象	记录故障状态	5分		
		正确查阅资料	5分		
	检查测试相关系统部件并记录	确认需检测的系统、部件	5分		
		确认测试点、测试内容	5分		
		说明理由	5分		

（续）

项目	作业	作业内容及评分标准	配分	扣分原因	得分
发动机故障	测试机件检查状态	正确测量	10分		
		正确地选择测量仪器	5分		
		正确地实施检测	10分		
		确认测试插头及电路	5分		
	检测电路	正确地连接测量仪器	10分		
		正确地读取记录数据	10分		
		正确地分析测量结果	10分		
		说明故障点	5分		
	确认故障并排除	确认故障点并排除	5分		
		故障码清除	5分		
		总分			

项目 5

发动机加速不良故障诊断与检测

【学习目标】

1. 知识目标
1) 掌握发动机加速不良的可能原因。
2) 掌握发动机加速不良的原理分析方法。

2. 能力目标
1) 能进行发动机加速不良的故障检测。
2) 能制订发动机加速不良的故障诊断方案。

3. 素养目标
1) 遵守企业 7S 要求和安全生产规范。
2) 与同学协调分工、沟通交流、密切合作。
3) 养成自主学习相关知识的习惯。
4) 德技并修,做一名优秀汽车医生。
5) 养成自觉遵守技术标准和技术要求的习惯。
6) 培养学生的工匠精神。

任务 1　发动机加速不良故障综述

发动机运行不良故障诊断与检测 2

【任务描述】

一辆 2011 年款迈腾 1.8T，行驶里程为 11 万 km，车主李先生反映该车加速无力，故障灯报警，这段时间感觉车的动力性有所下降，该车一直在维修站按时进行维护。

引起该故障的主要原因有发动机点火系统故障、发动机油路系统故障、发动机进气控制系统故障等。需要对发动机各系统进行检查，确定故障后，进行维修或部件更换并将发动机进行装复。

【相关知识】

一、故障原因分析

发动机动力不足、加速不良是指发动机无负荷运转时基本正常，但带负荷运转时加速缓慢，上坡无力，加速踏板踩到底时仍感到动力不足，车速提升很慢，达不到最高车速。

发动机加速不良的常见故障原因主要有以下几种：

1) 发动机进、排气系统堵塞导致进、排气不顺畅。
2) 节气门调整不当，不能全开，导致发动机进气不足。
3) 燃油压力过低导致喷油量不足，混合气变稀。
4) 喷油器堵塞或雾化不良，导致空燃比变大。
5) 冷却液温度传感器故障，导致空燃比失调。
6) 空气流量传感器故障导致空燃比失调。
7) 点火正时不当或高压火太弱，导致混合气燃烧不好。
8) 发动机气缸压缩压力不足，导致混合气燃烧不好。
9) 废气涡轮增压器不工作或工作不良，导致发动机无增压效果。
10) 可变进气系统不工作或工作不良，导致发动机进气不足、排气不畅。

二、故障诊断

故障诊断可参考图 5-1 所示的诊断流程进行。

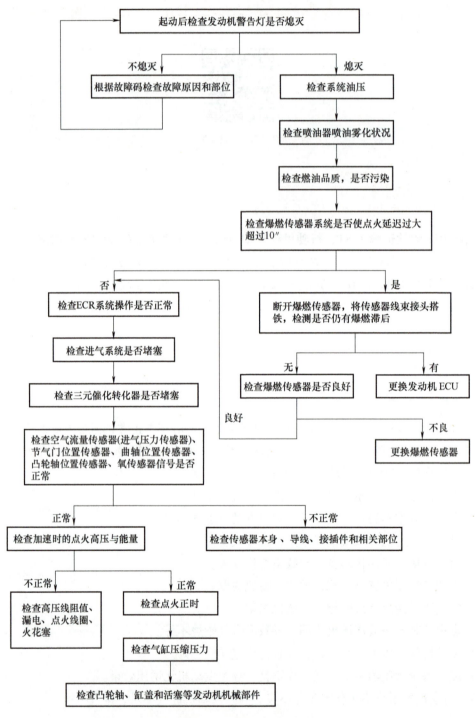

图 5-1　发动机加速不良故障诊断流程

【任务准备】

一、课前准备

1）场地设施：举升机 1 台，装有废气抽排系统和消防设施的场地。
2）设备设施：整车、车辆故障诊断仪。
3）工具、量具：常用工具（1 套）、示波器、万用表等。
4）耗材：熔丝、线束等。

二、注意事项

1）在实训场地应穿戴干净整洁的工服。
2）听从实训指导教师的安排，严格遵守场地安全规定，注意用电安全。
3）在操作过程中，注意拆装工具及万用表、诊断仪等设备的使用，拆下的零部件要轻拿轻放，避免磕碰和损坏。
4）在检测电气与电子元器件、部件的电路时，严禁用力拉扯线束。
5）检测电气与电子元器件、部件需断开部件插头时，应提前关闭点火开关。

【任务实施】

一、故障原因分析

发动机加速不良可能是燃油供给系统、点火系统、进气系统、排气系统、机械系统、其他辅助控制系统等出现故障，此类故障不容易确定故障诊断方向，应借助故障诊断仪读取故障码、数据流确定故障诊断的方向。

二、故障诊断与排除

1）将加速踏板踩到底，同时读取加速踏板位置传感器和节气门位置传感器的数据流，检查节气门是否存在卡滞、能否全开。
2）检查空气滤清器是否堵塞。如有堵塞，应更换。
3）进行故障自诊断，检查有无故障码出现。影响发动机动力性的传感器和执行器有冷却液温度传感器、空气流量传感器（或进气歧管绝对压力传感器）、点火器、喷油器等。按所显示的故障码查找故障原因。
4）检查节气门位置传感器的怠速开关和全负荷开关是否调整正确。如果不正确，应按标准重新调整。
5）检查点火正时。当发动机温度正常后，怠速时点火提前角及加速时的点火提前角都应符合规定。如果点火提前角不正确，应对点火系统或相关部件进行检查。

6）检查冷却液温度传感器。在不同温度下，冷却液温度传感器的电阻应能按规定标准值变化。如果不符合标准值，应更换冷却液温度传感器。

7）检查空气流量传感器（或进气歧管压力传感器）。如果有异常，应更换。

8）检查各缸火花塞、高压线、点火线圈、点火器等。如果有异常，应更换。

9）检查燃油压力。如果燃油压力过低，应进一步检查电动燃油泵、油压调节器、燃油滤清器等。

10）拆卸喷油器，检查喷油量是否正常。如果喷油量不正常或喷油雾化不良，应清洗或更换喷油器。

11）测量气缸压缩压力。如果气缸压缩压力过低，应拆检发动机。

三、故障排除小结

由于真空管破损，在急加油时，进气翻板不能正常工作，导致进气量少，喷油量增加，燃烧不完全，因此出现加速无力，故障灯报警现象。

【任务记录单】

	班级：	姓名：	学号：	车型：
故障现象的确认及描述				
故障原因分析				
测量相关部位的信息记录（含相关数据、故障码等）				
对造成故障的相关部位的诊断及维修过程				
确认故障点				
机理分析				
教师确认签字：			日期：	

【任务评价表】

项目	作业	作业内容及评分标准	配分	扣分原因	得分
发动机故障	确认故障现象	记录故障状态	5分		
		正确查阅资料	5分		
	检查测试相关系统部件并记录	确认需检测的系统、部件	5分		
		确认测试点、测试内容	5分		
		说明理由	5分		

（续）

项目	作业	作业内容及评分标准	配分	扣分原因	得分
发动机故障	测试机件	正确测量	10分		
	检查状态	正确地选择测量仪器	5分		
		正确地实施检测	10分		
		确认测试插头及电路	5分		
	检测电路	正确地连接测量仪器	10分		
		正确地读取记录数据	10分		
		正确地分析测量结果	10分		
		说明故障点	5分		
	确认故障并排除	确认故障点并排除	5分		
		故障码清除	5分		
		总分			

任务2　迈腾发动机轻微抖动故障诊断与检测

【故障现象】

某迈腾 1.8Tsi 轿车，原地加速约 30s 后，发动机偶发瞬间轻微抖动。

【故障分析】

迈腾轿车发动机进气管路如图 5-2 所示。

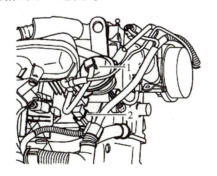

图 5-2　迈腾轿车发动机进气管路
1—真空罐-G70　2—进气管风门控制阀-N316

怀疑是进气系统故障。

【故障诊断】

1. 读取故障码

故障码为 08213，即进气歧管风门位置/运行控制传感器不可信信号。根据故障码分析，说明发动机控制单元 J623 接收到的信号不符合逻辑，可能故障原因为：

1）传感器及其电路损坏。
2）翻板及驱动机构故障。
3）发动机控制模块损坏。

根据系统工作原理，在高转速/大负荷工况下，发动机控制单元 J623 控制进气管风门控制阀 N316，进而控制进气管风门真空罐，拉动进气管风门转轴及风门进行转动，以增大进气通道面积，提高发动机高转速/大负荷工况下的运行性能。

2. 读取相关数据组

测量数据组 01-143-3 或 01-142-1 增压移动板实际位置（怠速→大于 3000r/min→怠速）：实测值 0.78%（如果诊断前曾经加速，就检测不到最低值）→100%（未回位，异常）；标准值 0（关闭）→100%（打开）→0（关闭）。

通过数据流发现：翻板正常打开后不能关闭，始终保持在最大位置，可能故障原因为：

1）传感器或其翻板轴卡死。
2）电磁阀及其控制电路故障。

3. 检查与真空罐连接的拉杆或转轴的位置

确认其处于最大位置，可能原因为真空无法释放。

4. 拔掉电磁阀和真空罐之间的真空软管，观察拉杆或转轴的位置变化

发现其可以正常复位，说明电磁阀没有正常切换，可能故障原因为：

1）电磁阀自身故障。
2）真空管路故障。
3）发动机控制单元 J623 发出错误的控制信号。

5. 检查进气管风门控制阀 N316

用解码器进行执行元件诊断，同时接通发动机真空源，检查电磁阀内部的管路切换是否正常。经检查发现切换正常，说明故障原因可能为：

1）真空管路故障（根据原理检查连接是否正确）。
2）发动机控制单元 J623 发出错误的控制信号（检查驱动信号波形来分析）。

注意：以上两步不分先后。

【故障机理】

经检查，进气管风门控制阀 N316 上的两条管路接反。

【任务记录单】

	班级:	姓名:	学号:	车型:
故障现象的确认及描述				
故障原因分析				
测量相关部位的信息记录（含相关数据、故障码等）				
对造成故障的相关部位的诊断及维修过程				
确认故障点				
机理分析				
教师确认签字:			日期:	

【任务评价表】

项目	作业	作业内容及评分标准	配分	扣分原因	得分
发动机故障	确认故障现象	记录故障状态	5分		
		正确查阅资料	5分		
	检查测试相关系统部件并记录	确认需检测的系统、部件	5分		
		确认测试点、测试内容	5分		
		说明理由	5分		
	测试机件	正确测量	10分		
	检查状态	正确地选择测量仪器	5分		
		正确地实施检测	10分		
		确认测试插头及电路	5分		
	检测电路	正确地连接测量仪器	10分		
		正确地读取记录数据	10分		
		正确地分析测量结果	10分		
		说明故障点	5分		
	确认故障并排除	确认故障点并排除	5分		
		故障码清除	5分		
		总分			

任务3　迈腾发动机抖动并加速不良故障诊断与检测

【故障现象】

起动发动机，可以正常着车，但 EPC 灯常亮，怠速时发动机抖动，加速时转速不超过 3000r/min。

【故障分析】

燃油压力调节器电路原理图如图 5-3 所示。

图 5-3　燃油压力调节器电路原理图

发动机怠速时抖动，加速时转速不超过 3000r/min，说明发动机动力不足，这与混合气的质和量、点火系统的工作有很大的关系，因此故障原因可能为：
1) 进、排气系统故障。
2) 燃油供给系统故障，包括系统压力故障和喷油器工作故障。
3) 点火系统故障，包括点火能量故障和点火正时故障。

【故障诊断】

第一步：扫描网关，读取故障码。

打开点火开关，用解码器读取故障码，发现有以下故障码：

08852：燃油压力调节阀断路。

根据故障码定义，说明燃油压力调节器 N276 及其电路出现断路，这必然会造成燃油系统压力达不到标准，从而造成发动机动力不足。

第二步：测试燃油系统压力，确定故障范围（可以不做）。

起动发动机，用解码器读取数据流（106/2），以测试油轨压力。标准为 40bar（1bar=10^5Pa）左右，测量值为 7bar，测试结果异常。由于油轨压力为 7bar，说明低压油路可能没有异常,而是系统无法建立高压。结合故障码,可能故障原因为燃油压力调节器及其电路故障。

第三步:对燃油压力调节器 N276 进行元件测试(选用)。

打开点火开关,用解码器进行执行元件驱动测试,发现燃油压力调节器 N276 没有工作,可能故障原因为燃油压力调节器及其电路故障。

第四步:测量燃油压力调节器 N276 的驱动信号波形。

起动发动机,在发动机怠速运转状态时,用示波器测量燃油压力调节器 N276 的端子 2 对地电压波形。其标准波形和实测波形如图 5-4 所示。若波形异常,说明测试点到蓄电池正极之间电路断路,可能故障原因为:

1)燃油压力调节器 N276 自身故障。

2)燃油压力调节器 N276 供电电路故障。

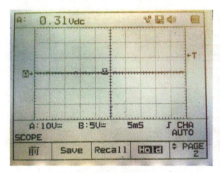 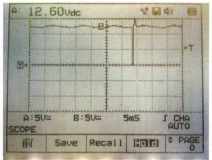

a)实测波形(异常)　　　　　　　　　　b)标准波形

图 5-4　实测波形与标准波形对比

第五步:检查燃油压力调节器 N276 供电是否正常。

打开点火开关,用万用表测量燃油压力调节器 N276 的端子 1 的对地电压。正常情况下,该端子电压应为蓄电池电压。实测为 0,说明燃油压力调节器 N276 供电异常,可能故障原因为:

1)燃油压力调节器 N276 与 SB17 之间电路故障。

2)熔丝 SB17 自身故障。

3)熔丝 SB17 上游电路故障。

第六步:检查熔丝 SB17 工作是否正常。

打开点火开关,用万用表测量熔丝 SB17 的两个端子的对地电压。正常情况下,这两个端子电压均应为蓄电池电压。实测一端为+B(正常),另一端为 0(异常),说明熔丝损坏。

【故障机理】

更换熔丝,故障排除。长时间试车后,故障不再出现。

【任务记录单】

	班级：	姓名：	学号：	车型：
故障现象的确认及描述				
故障原因分析				
测量相关部位的信息记录（含相关数据、故障码等）				
对造成故障的相关部位的诊断及维修过程				
确认故障点				
机理分析				
教师确认签字：			日期：	

【任务评价表】

项目	作业	作业内容及评分标准	配分	扣分原因	得分
发动机故障	确认故障现象	记录故障状态	5分		
		正确查阅资料	5分		
	检查测试相关系统部件并记录	确认需检测的系统、部件	5分		
		确认测试点、测试内容	5分		
		说明理由	5分		
	测试机件	正确测量	10分		
	检查状态	正确地选择测量仪器	5分		
		正确地实施检测	10分		
		确认测试插头及电路	5分		
	检测电路	正确地连接测量仪器	10分		
		正确地读取记录数据	10分		
		正确地分析测量结果	10分		
		说明故障点	5分		
	确认故障并排除	确认故障点并排除	5分		
		故障码清除	5分		
		总分			

任务 4　发动机加速不良故障诊断与检测

【故障现象】

起动发动机后，原地急加速，发动机最高转速不超过 3000r/min。

【故障分析】

燃油压力调节器与继电器的电器控制图如图 5-5 所示。

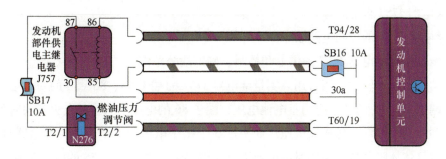

图 5-5　燃油压力调节器与继电器的电器控制图

发动机的转速达到 3000r/min 后无法继续提高，说明发动机的功率可能达到了极限，或者出现了超速断油的现象，而后者不符合原车的实际情况，因此可以判定发动机功率达到极限，可能故障原因为：

1）进、排气系统故障。
2）燃油供给系统故障。
3）电控系统故障。
4）点火系统故障。

【故障诊断】

第一步：扫描网关，读取故障码。
打开点火开关，用解码器读取故障码，发现有以下故障码：
12423：发动机部件供电继电器电路电气故障（静态）。
根据故障码的含义，说明继电器 J757 未进入工作状态。此时发动机控制模块可通过两种途径识别继电器工作状态,一是可以通过监控端子 T60/19 电压的变化来识别整个继电器的输出是否正常;二是通过监控端子 T94/28 电压的变化来识别继电器电磁线圈电路是否正常。

造成继电器输出静态的可能故障原因为:

1) 继电器 J757 正极电源电路故障。
2) 继电器 J757 自身故障。
3) 继电器 J757 的控制电路故障。

第二步:检查继电器 J757 的输出,确定故障范围。

连接跨接线到继电器和继电器座之间,在发动机急速运转时,用万用表测量继电器 J757 的端子 87 对地电压。正常情况下,该端子电压应为蓄电池电压,否则说明继电器输出异常。实测结果为 0,说明继电器没有输出,可能故障原因为:

1) 继电器 J757 正极电源电路故障。
2) 继电器 J757 自身故障。
3) 继电器 J757 的控制电路故障。

第三步:检查继电器 J757 的供电和控制,确定故障范围。

在发动机急速运转时,用万用表测量继电器 J757 的端子 85、86、30 的对地电压。正常情况下,端子 30、85 的电压应为蓄电池电压,端子 86 的电压应从打开点火开关时的蓄电池电压切换到发动机起动后的搭铁电压。如果这 3 个端子电压均正常,说明继电器自身损坏,但不能确定具体故障部位,需要对继电器进行元件测试。如果端子 85 的电压正常而端子 86 检测不到蓄电池电压,说明继电器线圈电路存在故障,应更换继电器。如果端子 30 的电压异常,说明上游电路存在故障。如果端子 86 没有达到搭铁电压,说明继电器控制电路存在故障。实测结果为端子 86 电压在起动后一直维持为蓄电池电压,说明继电器控制存在故障,可能故障原因为:

1) 继电器 J575 与发动机控制模块之间的电路存在故障。
2) 发动机控制模块自身及相关输入电路故障。

第四步:测量发动机控制单元 J623 控制,确定故障所在。

在发动机急速运转过程中,用万用表测量发动机控制单元 J623 的端子 T94/28 的对地电压。标准参数为搭铁电压,实测为 0.05V,结果正常,说明发动机控制单元 J623 的端子 T94/28 到继电器 J757 的端子 86 之间的电路断路。

【故障机理】

修复继电器 J757 到发动机控制单元 J623 之间断路故障后,系统性能恢复正常,故障排除。

【任务记录单】

	班级：	姓名：	学号：	车型：
故障现象的确认及描述				
故障原因分析				
测量相关部位的信息记录（含相关数据、故障码等）				
对造成故障的相关部位的诊断及维修过程				
确认故障点				
机理分析				

教师确认签字：　　　　　　　　　　　　　　　日期：

【任务评价表】

项目	作业	作业内容及评分标准	配分	扣分原因	得分
发动机故障	确认故障现象	记录故障状态	5分		
		正确查阅资料	5分		
	检查测试相关系统部件并记录	确认需检测的系统、部件	5分		
		确认测试点、测试内容	5分		
		说明理由	5分		
	测试机件检查状态	正确测量	10分		
		正确地选择测量仪器	5分		
		正确地实施检测	10分		
	检测电路	确认测试插头及电路	5分		
		正确地连接测量仪器	10分		
		正确地读取记录数据	10分		
		正确地分析测量结果	10分		
		说明故障点	5分		
	确认故障并排除	确认故障点并排除	5分		
		故障码清除	5分		
		总分			

任务5　迈腾发动机指示灯长亮，加速不良故障诊断与排除

【故障现象】

发动机怠速运行正常，但踩加速踏板加速时，发动机转速无法超过3000r/min，发动机故障指示灯亮。

【故障分析】

燃油压力传感器控制原理图如图5-6所示。

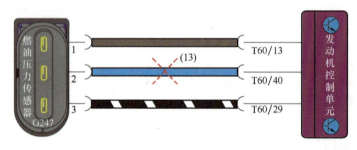

图5-6　燃油压力传感器控制原理图

发动机的转速达到3000r/min后无法继续提高，说明发动机的功率可能达到了极限，或者出现了超速断油的现象，而后者不符合原车的实际情况，因此可以判定发动机功率达到极限，可能故障原因为：

1）进、排气系统故障。
2）燃油供给系统故障。
3）电控系统故障。
4）点火系统故障。

【故障诊断】

第一步：扫描网关，读取故障码。
打开点火开关，用解码器读取故障码，发现有以下故障码：
00400：燃油压力传感器电路电气故障。
通过故障码定义可以看出，发动机控制单元接收到不正常的传感器信号，这一方面可能

是由于传感器本身信号异常,另外一方面可能是由于发动机控制单元判断有误,因此在出现故障码提示时,最好进行真实性验证。

第二步:测量传感器信号输入,验证故障码。

起动发动机,加速到失速状态,用万用表测量发动机控制单元 J623 的端子 T60/40 的对地电压。正常情况下该端子电压应该从压力最低时的 0.5V 平稳上升到压力最大时的 4.5V,否则说明传感器或其电路可能存在故障。实测结果为电压始终保持在 5V(传感器参考电压),测试结果异常,可能故障原因为:

1) 发动机控制单元 J623 与燃油压力传感器 G247 之间电路故障。
2) 燃油压力传感器 G247 自身故障。
3) 发动机控制单元 J623 自身故障(发动机控制单元 J623 向燃油压力传感器 G247 提供搭铁电源)。

第三步:测量燃油压力传感器 G247 信号输出。

起动发动机,加速到失速状态,用万用表测量燃油压力传感器 G247 的端子 3 的对地电压。正常情况下该端子的电压应该从压力最低时的 0.5V 平稳上升到压力最大时的 4.5V,否则说明传感器或其电路可能存在故障。实测结果为电压始终保持在 0V,测试结果异常。结合上步测试结果,说明一根导线两端电压存在差异,而这个差异相当于传感器的参考电压,说明发动机控制单元 J623 与燃油压力传感器 G247 之间的电路存在断路。

【故障机理】

修复发动机控制单元 J623 与燃油压力传感器 G247 之间故障电路后,发动机性能恢复正常。

【任务记录单】

班级:	姓名:	学号:	车型:
故障现象的确认及描述			
故障原因分析			
测量相关部位的信息记录(含相关数据、故障码等)			
对造成故障的相关部位的诊断及维修过程			
确认故障点			
机理分析			
教师确认签字:		日期:	

【任务评价表】

项目	作业	作业内容及评分标准	配分	扣分原因	得分
发动机故障	确认故障现象	记录故障状态	5分		
		正确查阅资料	5分		
	检查测试相关系统部件并记录	确认需检测的系统、部件	5分		
		确认测试点、测试内容	5分		
		说明理由	5分		
	测试机件检查状态	正确测量	10分		
		正确地选择测量仪器	5分		
		正确地实施检测	10分		
		确认测试插头及电路	5分		
	检测电路	正确地连接测量仪器	10分		
		正确地读取记录数据	10分		
		正确地分析测量结果	10分		
		说明故障点	5分		
	确认故障并排除	确认故障点并排除	5分		
		故障码清除	5分		
		总分			

模块 3

汽车其他系统典型故障诊断与检测

项目 6

汽车底盘故障诊断与检测

【学习目标】

1. **知识目标**
1) 掌握轮胎换位和动平衡检测的原理。
2) 掌握四轮定位的操作流程。

2. **能力目标**
1) 能进行轮胎换位和动平衡的检测操作。
2) 能进行四轮定位的检测操作。

3. **素养目标**
1) 遵守企业 7S 要求和安全生产规范。
2) 与同学协调分工、沟通交流、密切合作。
3) 养成自主学习相关知识的习惯。
4) 德技并修,做一名优秀汽车医生。
5) 养成自觉遵守技术标准和技术要求的习惯。
6) 培养学生的工匠精神。

任务1　汽车轮胎拆装与动平衡检测

【相关知识】

一、轮胎字符的含义

轮胎字符含义如图 6-1 所示。

图 6-1　轮胎字符含义

1）225：从轮胎一个侧壁到另一个侧壁边缘的轮胎宽度，以毫米为单位。

2）55：轮胎断面高宽比，也称为断面扁平率，表示轮胎侧壁高度相对胎面宽度的百分比。例如，胎面宽度为 205mm，断面高宽比为 50，则轮胎侧壁高度为 102mm。

3）R：表示轮胎为子午线轮胎结构。

4）16：轮辋直径尺寸，单位为 in。

5）95：轮胎的载荷系数。

6）W：速度等级，表示轮胎在使用一段时间后的最大可用速度。

7）DOT 4205：轮胎制造标准信息，可用于轮胎的召回或其他的检查过程。此信息大多是关于轮胎的制造商、生产地等。最后 4 位数字为生产日期。例如，数字为 4205，则表示轮胎生产日期为 2005 年的第 42 周。

二、其他常见标识

轮胎其他常见标识见表 6-1。

表 6-1　轮胎其他常见标识

参数	标识	含义
商标	BRIDGESTONE	普利司通（轮胎品牌）
轮胎构造	PLIES：TREAD 2 STEEL+2 POLYESTER+2 NYLON SIDEWALL 2 POLYESTER	层数：胎面 2 层钢丝+2 层聚酯+2 层尼龙胎侧；2 层聚酯

(续)

参数	标识	含义
最大负荷及最大气压	MAX.LOAD 530 kg (1168 LBS) @ 300 kPa (44 PSI) MAX.PRESS.	在 300kPa 的最大充气压力下轮胎最大能承载 530kg
国家强制性认证	(3C标志)	3C 认证标识
轮胎结构	TUBELESS STEEL BELTED RADIAL	无内胎轮胎钢丝带束层子午线
标准轮辋	STANDARD RIM: 6J	标准轮辋：6J
单导向标志	ROTATION →	单导向标志（轮胎旋转方向）
生产地	Made in China	中国制造
磨耗标记	(图示)	胎面橡胶磨损到磨耗标记指向的主花纹沟的橡胶凸起时，表示该轮胎使用寿命的完结

三、轮胎负荷指数

轮胎负荷指数轮胎在标准规定的使用条件下，按照速度符号标明的速度行驶时，所能承受最大负荷的数字代号。可以通过专用的数据表查询负荷指数所对应的负荷值，见表6-2。该表摘抄了部分数据，并不完全。负荷指数共分 280 等级（0～279），通过负荷指数和压力即可以查询对应的负荷。

表 6-2 轮胎负荷指数

负荷指数	负荷/kg 气压/kPa	150	160	170	180	190	200	210	220	230	240	250
0												
…		…	…	…	…	…	…	…	…	…	…	…
85		340	360	380	395	415	430	450	465	480	500	515
86		350	370	390	410	425	445	460	480	495	515	530
87		360	380	400	420	440	455	475	490	510	525	545

四、速度级别

速度级别见表6-3。

表6-3 速度级别

速度级别	速度/(km/h)	速度级别	速度/(km/h)
A1	5	K	110
A2	10	L	120
A3	15	M	130
A4	20	N	140
A5	25	P	150
A6	30	Q	160
A7	35	R	170
A8	40	S	180
B	50	T	190
C	60	U	200
D	65	H	210
E	70	V	240
F	80	W	270
G	90	Y	300
J	100	ZR	240 以上

五、轮毂规格

轮毂规格如图6-2所示。

16 X 6 J

16	6
16指轮毂直径尺寸，单位为in。常说的16寸、17寸轮毂指的就是它	6指轮毂断面宽度，单位为in。这个数值直接决定了匹配轮胎的宽度
X	J
X表示"深式轮毂"通常用于轿车。货车一般使用代号为"—"的平底轮毂	J代表轮毂边缘高度等级，其数值为17.27mm，除此以外还有D、K、E、L等级别

图6-2 轮毂规格

六、轮胎结构

子午线轮胎结构示意图如图 6-3 所示,具体含义见表 6-4。

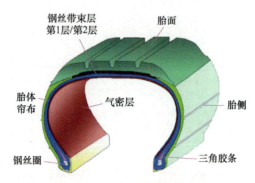

图 6-3　子午线轮胎结构示意图

表 6-4　轮胎结构

结构	含义
钢丝圈	由挂胶的钢丝按一定形状缠绕而成,起到将轮胎装入轮辋固定轮胎的作用
三角胶条	轮胎中钢丝圈上面的填充材料,作用是减缓胎圈冲击,防止成型时空气进入,增加下胎侧刚性
气密层	无内胎轮胎使用,由特殊橡胶制造,防止漏气、替代内胎贴在轮胎内侧
胎体帘布	轮胎中的帘布层,是轮胎的主要受力部件,作用是承载整车负荷
钢丝带束层	胎面与胎体之间的钢丝帘布,作用是提高胎面刚性、提高耐磨性、防止外部冲击损伤胎体(适用于子午线轮胎)
胎侧	轮胎侧面的橡胶层,应具有良好的耐曲挠性,作用是保护胎体、提高乘车舒适感及操作稳定性
胎面	轮胎与路面接触的部分,应具有良好的耐磨性、耐刺穿性、耐冲击性及散热性

七、轮胎定期换位

为了保证轮胎的均匀磨损,提高其使用寿命,按国标规定每行驶 8000km(轿车车胎),轮胎进行循环换位、平行换位或交叉换位 1 次。轮胎换位方式如图 6-4 所示。

图 6-4　轮胎换位方式

八、单导向轮胎花纹及标识

单导向轮胎花纹只适用于平行换位，其花纹和标识如图 6-5 所示。

图 6-5　单导向轮胎的花纹和标识

九、轮胎拆装工具及设备

1. 拆装设备

轮胎拆装设备主要是扒胎机及附属设备，如图 6-6 所示。

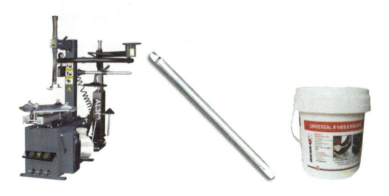

图 6-6　扒胎机及附属设备

2. 轮胎拆装膏

1）轮胎拆装膏在拆装时使用，可起到润滑的作用。

2）轮胎拆装膏不能用任何其他物质进行替代。切记不可用肥皂水、机油、黄油等物质替代。

3）当轮胎安装完成后，拆装膏将会凝固，起到胶水的作用，以防止轮胎和轮毂直接在急加速和急制动时产生位移，导致动平衡失效。

十、车轮动平衡

1. 动平衡含义

车轮平衡分为静平衡和动平衡两种。

1）静平衡：在车轮一个校正面上进行校正平衡，校正后的剩余不平衡量可以保证车轮在静态时是在许用不平衡量的规定范围内，称为静平衡，又称为单面平衡，如图 6-7 所示。

2）动平衡：在车轮两个校正面上同时进行校正平衡，校正后的剩余不平衡量可以保证车轮在动态时是在许用不平衡量的规定范围内，称为动平衡，又称为双面平衡，如图 6-8 所示。

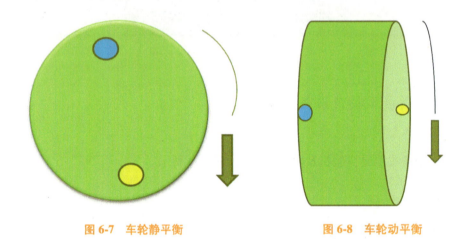

图 6-7　车轮静平衡　　　　　　　图 6-8　车轮动平衡

2. 做动平衡的条件

发生以下情况时需要考虑做车轮动平衡：

1）行驶在中、高速时出现有规律的车身跳动或转向盘抖动。

2）更换轮胎或者更换轮毂后。

3. 车轮不平衡所引起的后果

1）行驶时车身或转向盘发抖，影响行驶稳定性。

2）造成轮胎的偏磨，缩短轮胎的使用寿命，在轮胎偏磨后会出现异响，影响乘坐舒适性。

3）造成悬架、减振、球头部分的负荷增大，缩短了以上部件的使用寿命。

4. 动平衡设备

动平衡仪及附属设备如图 6-9 所示。

5. 平衡块

平衡块分为敲击式和粘贴式两种，如图 6-10 所示。

图 6-9 动平衡仪及附属设备

图 6-10 平衡块

【任务准备】

准备工具及设备：轮胎、车轮动平衡仪。

轮胎动平衡

【任务实施】

一、轮胎拆卸

1）对轮胎进行放气（使用胎压表）。

2)将气门芯(图6-11)拆出并妥善保管。
3)鉴别是否有胎压传感器。
4)拆除所有动平衡块。
5)拆除轮毂盖。
6)按设备说明书进行轮胎拆卸。

二、动平衡操作

具体操作如图 6-12 所示。
1)拆除所有旧平衡块。
2)确认轮毂与轮胎均没有脏污。
3)确认轮胎内没有水或其他异物。
4)确认轮胎的胎压正确。
5)检查动平衡仪的状态。
6)安装轮胎,保护好轮毂盖。
7)输入轮胎胎宽、轮毂直径、与中心距离等参数。
8)按下起动按钮,轮胎旋转一会儿后停下。
9)平衡仪会显示平衡块位置和数据。

图 6-11 气门芯

图 6-12 动平衡操作

三、安装平衡块

车轮动平衡操作,在安装平衡块(图6-13)时,单侧的平衡块质量不得超过60g。如果超重,则需将轮胎拆下,将轮胎转动一定角度后再次安装,并进行动平衡。动平衡偏差应控制在5g以内。

图 6-13 安装平衡块

【任务记录单】

	班级：	姓名：	学号：	车型：
故障现象的确认及描述				
故障原因分析				
动平衡测量的信息记录				
测量结果分析				
确认故障点				
机理分析				
教师确认签字：			日期：	

【任务评价表】

项目	作业	作业内容及评分标准	配分	扣分原因	得分
动平衡测量	确认故障症状	记录故障状态	10分		
	检查测试相关系统部件并记录	正确地查阅资料	10分		
		确认测试点测试内容	10分		
		说明理由	10分		
	选择仪器	正确地选择测量仪器	10分		
	测量动平衡	正确地实施检测	10分		
		正确地安装轮胎	10分		
		正确地连接动平衡仪	10分		
		正确地读取记录数据	10分		
	故障确认并排除	分析故障点	10分		
		总分			

任务2　汽车四轮定位的规范检测

【相关知识】

一、四轮定位

四轮定位是以车辆的四轮参数为依据，通过调整参数来确保车辆良好的行驶性能并使其具备一定的可靠性。四轮定位包括前轮定位和后轮定位。

前轮定位主要包括主销后倾（角）、主销内倾（角）、前轮外倾（角）和前轮前束4个内容。这是对两个转向前轮而言，对两个后轮同样存在与后轴之间安装的相对位置，称为后轮定位。

后轮定位主要包括车轮外倾（角）和后轮前束。

1. 前轮定位

（1）转向轮定位的功用 保证转向后的转向轮（前轮）可以自动回正。

（2）转向轮的定位参数 转向轮的定位参数主要有主销后倾角、主销内倾角、前轮外倾角、前轮前束和转向前展。

（3）转向节主销 通过上球轴颈中央和下球轴颈中央的直线。对于麦弗逊式悬架，转向节主销通过悬架中央和下球轴颈中央的直线，如图6-14所示。

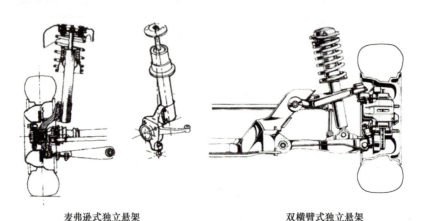

麦弗逊式独立悬架　　　　　　双横臂式独立悬架

图6-14　前轮悬架

（4）主销后倾角 γ

1）定义：主销和行驶平面法线在对称纵向平面上的投影所形成的夹角，如图6-15所示。

2）规定：上球头（上支座）向后为正值；反之为负值。

3）原理：主销有一定的后倾角，使主销延长线与地面的交点 a 向前偏移了一段距离，转向后地面作用在车轮上的侧向力对主销形成一个转矩，该转矩具有使前轮回正的作用。

4）汽车悬架系统对主销后倾的影响：当两个后悬架弹簧的弹性减弱或超载时，主销后倾值变大，造成转向盘沉重或行驶平顺性差；如果后悬架的高度超出了规定值时，主销后倾值变小甚至变成负值，从而影响汽车的方向稳定性。主销后倾是影响汽车行驶稳定性的重要参数，不正确的后倾值可能引发各种故障。主销后倾过小时，车轮回正性不好，转向后转向盘不能自动回正，而且直行时转向盘摇摆不定；主销后倾过大时，转向时转向盘感觉很沉；左、右两侧的主销后倾不相等时，汽车直行时，向主销后倾小的一边跑偏。

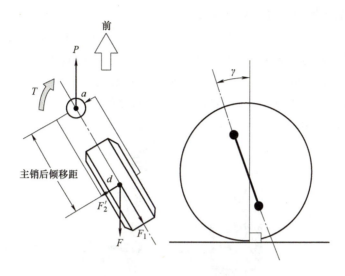

图 6-15　主销后倾角

(5) 主销内倾角 β

1) 定义：主销和行驶平面法线在前平面投影所形成的夹角，如图 6-16 所示。

2) 主销内倾角的作用：使前轮自动回正；使转向操纵轻便；减小转向盘上的冲击力。主销内倾角也有方向回正的作用，另外，它与前轮外倾角共同作用确定偏距，从而影响轮胎磨损和转向的轻便性。主销内倾角的回正作用是通过车身重量来起作用的。

3) 原理：汽车直行时汽车的重心是最低的，这样当完成转向后，转向盘回正时，在汽车重力的作用下，方向更容易回正，使车轮回到直行位置。

(6) 前轮外倾角 α

1) 定义：车轮的中央平面和行驶平面的法线在前平面上投影所形成的夹角，如图 6-17 所示。

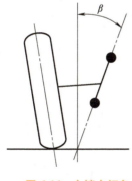　　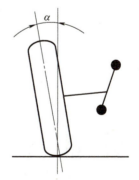

图 6-16　主销内倾角　　　　　图 6-17　前轮外倾角

2) 前轮外倾角的作用：防止车轮出现内倾；减少轮毂外侧小轴承的受力，防止轮胎向外滑脱；便于与拱形路面接触。前轮外倾角可以保证汽车满载时车轮与地面垂直。

3）规定：顶端向外为正值，反之为负值。

4）影响：外倾角是四轮定位中很重要的参数之一，不正确的外倾角主要影响轮胎偏磨和跑偏，其中，对跑偏的影响更大一些，如图 6-18 所示。外倾角过大时，轮胎外缘和悬架系统元件不正常磨损；外倾角过小时，轮胎内缘和悬架系统元件不正常磨损；两前轮外倾角度不相等时，直行时向大外倾角方向跑偏。注意：调整外倾角时，一定要调整到标准范围内，而且保证左、右两侧一致。

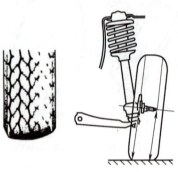

图 6-18　外倾角影响磨损

(7) 包容角

1）定义：转向节主销和车轮轴在前平面投影构成的角。

包容角是前轮外倾角与主销内倾角的和，也就是说，从汽车的前、后方向看，包容角是主销与轮胎平面所夹的角度，如图 6-19 所示。

$$AI = \alpha + \beta$$

式中　AI——包容角；
　　　α——前轮外倾角；
　　　β——主销内倾角。

2）作用：包容角可以作为检测角，诊断悬架系统的故障；包容角可以确定偏距的值，从而保证转向的轻便性、汽车加速和制动时的方向稳定性，减少轮胎磨损，如图 6-20 所示。

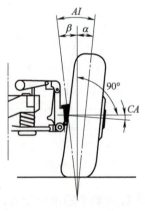

图 6-19　包容角

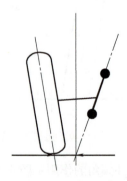

图 6-20　包容角作用

(8) 偏置（或偏距）

1) 定义：偏置（或偏距）又称磨胎半径，是轮胎中心线与地面的交点和主销延长线与地面的交点之间的距离。

2) 规定：主销延长线与地面的交点在轮胎中心线与地面的交点的内侧时，称正偏置（或偏距）；反之为负偏置（或偏距）。

3) 偏置（或偏距）对车辆稳定性的影响。

如果偏置（或偏距）设定为零，不仅转向盘操作轻便，在制动或驶越凸起物时，还可减少以主销轴为中心的车轮摆头现象，使转向盘操纵稳定。

零偏置（或偏距）也有其不利的一面，当汽车在制动中左、右轮产生阻力差时，会发生使车身向阻力大的一侧偏转的横向摆动力矩，不利于汽车制动时的方向稳定性。

正偏置（或偏距）加剧了汽车制动跑偏的趋势。

负偏置（或偏距），当左侧制动失灵时，可在阻力大侧的轮胎产生消除横向摆动力矩的力矩，以便于保持车辆的方向稳定，如图6-21所示。

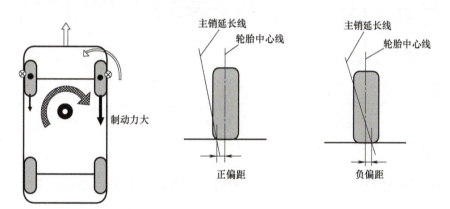

图6-21 偏置（偏距）

(9) 前轮前束

1) 定义：在行驶平面的投影上，两侧前轮最前端的距离 B 小于后端的距离 A，$(A-B)$ 称为前轮前束，如图6-22所示。

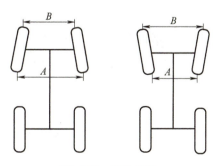

图6-22 前轮前束

2）前轮前束的作用是消除前轮外倾造成的前轮向外滚开趋势，减轻轮胎磨损。

注意：$A-B$ 为正称为正前束，$A-B$ 为负称为负前束。

3）前束是影响车轮磨损的重要参数。

如果正前束过大，轮胎的外缘产生羽毛状快速磨损。

如果负前束过大，轮胎的内缘产生羽毛状快速磨损。

前束不正确时，还会出现转向盘漂浮不定的现象。

（10）转向前展

1）定义：转向前展即汽车转向时两前轮的转向角差。

A 为转向内侧轮的转向角，B 为转向外侧轮的转向角，二者关系是 $A>B$，如图 6-23 所示。

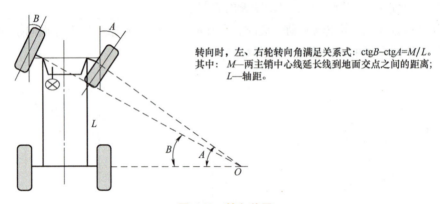

转向时，左、右轮转向角满足关系式：$ctgB-ctgA=M/L$。
其中：M——两主销中心线延长线到地面交点之间的距离；
L——轴距。

图 6-23　转向前展

2）转向前展作用：减少转向时的车轮阻力，保证车轮的纯滚动运动，减少轮胎磨损。

转向前展是由转向梯形结构来保证的，梯形臂将转向横拉杆和转向节连接起来。

转向前展是不可调的，如果测量值不在标准范围内，可能是转向传动装置出现故障，例如转向拉杆弯曲、转向拉杆球头松旷、转向节臂磨损或弯曲。

注意：应在测量外倾角、主销后倾、主销内倾及前束并调整到标准范围内后测量转向前展。

2. 后轮定位角

（1）外倾角　后轮的负外倾角可增加车轮接地点的跨度，增加汽车的横向稳定性。

（2）前束　可抵消汽车高速行驶且驱动力较大时车轮出现的负前束（前张），减少轮胎的磨损。

（3）退缩角

1）定义：退缩角是指汽车的一只前轮相对于另一只前轮的位置靠后的情况。在四轮定位测量中，退缩角是用前、后轴的不平行度来表示的，单位是"度"或"分"，如图 6-24 所示。

2）作用：轻微的退缩角一般不会影响汽车的操纵性，但严重的退缩角可以造成退后轮的主销后倾值变小，从而使汽车直行时向退后轮的一边跑偏。

（4）推力角

1）定义：推力角是一个后轴的整体参数，它是后轴推进线与汽车几何中心线之间的夹角。几何中心线是穿过两个前轮和两个后轮中间的假想的线。推进线在理论上是指与两后轮中心线呈90°并向前延伸的假想线，实际上它是后轴的运动轨迹，如图6-25所示。

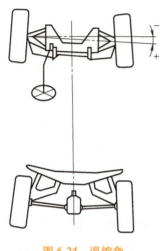

图 6-24　退缩角

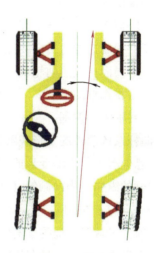

图 6-25　推力角

2）推力角的符号规定：当推进线指向右前方时，推力角为正；当推进线指向左前方时，推力角为负。

3）作用：推力角使汽车的后轴运动轨迹与汽车的几何中心线不重合，导致汽车转向拉力和轮胎的非正常磨损。

例如，当存在正的推力角时，汽车后轴的运动轨迹将向右，导致汽车向左跑偏，为了保持直线行驶，左前轮处在正前束的位置而右前轮处在负前束的位置，这种情况下，前、后轮轮胎都有可能产生羽毛状的磨损。

为了抵消推力角的不良影响，常将前轮调整为偏向右的状态，但这种补偿定位会导致前轮外缘的磨损。

二、四轮定位检测目的与内容

1. 目的

1）保证汽车行驶安全。

2）保持汽车直线行驶。

3）增加驾驶操纵感。

4）转向后转向盘自动回正，减少驾驶疲劳。

5）汽车行驶时，车轮不产生拖滑，减少轮胎磨损。
6）减少悬架系统元件的耗损。
7）减小行驶阻力，降低油耗。
8）保证轮胎与地面良好接触，增加轮胎的附着力。

2. 测量车轮定位前的检测项目

1）轮胎充气压力（标准条件下）。
2）轮胎明显的不均匀磨损或轮胎尺寸差别。
3）轮胎偏摆（径向和表面）。
4）由于磨损而造成的球节间隙。
5）由于磨损而造成的转向横拉杆端头间隙。
6）由于磨损而造成的前轮轴承间隙。
7）左、右支撑杆的长度。
8）左、右轴距的差别。
9）转向杆系各部件的变形或磨损。
10）与悬架有关部件的变形或磨损。
11）车辆的纵向与横向倾斜（底盘离地间隙）。

3. 测量车轮定位前的检测与调整底盘离地间隙

在装有独立式悬架系统的车辆中，其车轮外倾角和后倾角等车轮定位参数会因底盘离地间隙的变化而变化。因此测量车轮定位参数时均应按照技术文件中给定的条件与状态检查和调整车辆底盘离地间隙。

【任务准备】

准备四轮定位设备，包括四轮定位仪、4只传感器、传感器固定支架、制动锁、转向盘锁、四轮定位专用举升机，如图6-26、图6-27所示。

图6-26　四轮定位仪及附属设备

图 6-27 专用举升设备

【任务实施】

1. 车轮定位前的车轮调整

1）主销内倾和外倾角的调整是同步的，主要是为了不改变包容角数值。当外倾角和主销内倾无法同时调整到标准值时，应首先解决外倾角的问题。

2）检查前束前，车轮的外倾角和主销后倾、内倾要调整好，也就是说，前束是先测量、最后调的参数，因为在调整外倾和主销时，前束值也会发生变化。

3）前束必须最后调整。

4）检查转向前展。

2. 四轮定位前车辆的检查

1）所有车轮和轮胎是否正确，尺寸是否相同。

2）胎压是否达到标准压力，胎纹深度是否足够。

3）悬架系统状况。

4）转向齿轮和转向杆间隙。

5）车轮轮毂偏失圆情况。

6）正确加载重量（如需要）。

7）晃动车辆使悬架系统正确回位。

3. 四轮定位

1）检查仪器、卡具、举升机，固定转角盘，将车辆驶上举升机，两前轮位于转盘的几何中心，如图 6-28 所示。

2）调整好卡具，安装仪器（注意轮毂的保护）和安全钩，打开仪器，开始进行四轮定位操作，按照步骤进行，如图 6-29 所示。

图 6-28 转盘

图 6-29 安装传感器

3）按照仪器的提示，如果有必要，二次举升车辆进行车轮偏位补偿（当轮毂失圆时或者想获得高精度定位数据时），如图 6-30 所示。

4）降低车辆，安装制动卡具（注意座椅的保护），如图 6-31 所示。

图 6-30　偏位补偿

图 6-31　安装制动卡具

5）按照仪器的提示，左、右转动转向盘，直至现有的四轮定位数据出现，如图 6-32 所示。

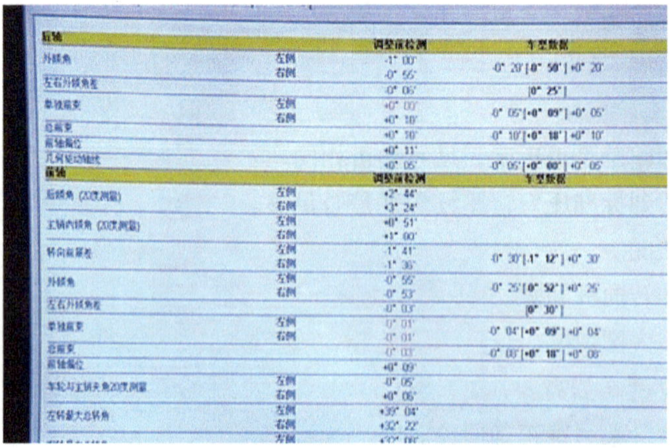

图 6-32　四轮定位数据

6）固定转向盘，回正转向盘，如图 6-33 所示。

图 6-33　回正转向盘

7）参考车辆规格手册，找到匹配车型的四轮定位数据，检查底盘无异常后，将四轮调整至标准数据，如图 6-34 所示。

图 6-34　调整定位角度

8）试车，检查有无其他异常。

4. 车轮定位后道路检测的注意事项

1）向前直行时，转向盘必须处于正确位置；在平坦路面直行时，不应向左或向右偏行；不应发生过大的转向摆动或颤抖。

2）转向时应可容易地向左、右转动转向盘；放开转向盘时转向盘应可迅速、平稳地返回中间位置。

3）制动时，车身或转向盘不应被拉向任何一侧。

4）道路检测时，不应有任何异常噪声；转向盘转至极限位置时，转向和悬架零件不可与底盘或车身接触。

【任务记录单】

班级：	姓名：	学号：	车型：
故障现象的确认及描述			
故障原因分析			
四轮定位测量的信息记录			
测量结果分析			
确认故障点			
机理分析			
教师确认签字：		日期：	

【任务评价表】

项目	作业	作业内容及评分标准	配分	扣分原因	得分
四轮定位测量	确认故障现象	记录故障状态	10分		
	检查测试相关系统部件并记录	正确地查阅资料	10分		
		确认测试点、测试内容	10分		
		说明理由	10分		
	选择仪器	正确地选择测量仪器	10分		
		正确地实施检测	10分		
	四轮定位测量	正确地安装传感器	10分		
		正确地进行四轮定位	10分		
		正确地读取记录数据	10分		
	确认故障并排除	分析故障点	10分		
		总分			

项目 7

汽车网络故障诊断与检测

【学习目标】

1. 知识目标

1）掌握汽车 CAN、LIN 系统的结构与工作原理。
2）了解 CAN、LIN 常见故障的诊断方法。

2. 能力目标

1）能正确选择并使用工具、设备和测量仪器。
2）能绘制汽车 CAN、LIN 系统诊断的思维导图。
3）能按照诊断流程完成汽车低速 CAN、LIN 系统的故障检测与排除，确认系统运行正常后编写检测报告。

3. 素养目标

1）具备严谨认真的思想意识和劳动精神。
2）养成服从管理、规范作业的良好工作习惯。
3）能与同学协调分工、沟通交流、密切合作，完成学习活动。
4）养成自主学习相关知识的习惯。
5）德技并修，做一名优秀汽车医生。
6）养成自觉遵守技术标准和技术要求的习惯。
7）培养学生的工匠精神。

任务 1　汽车网络系统结构与波形测量综述

【相关知识】

一、汽车对通信网络的要求

现代汽车典型的控制单元有电控燃油喷射系统、电控传动系统、防抱死制动系统（ABS）、防滑控制系统（ASR）、排气再循环控制、巡航系统和空调系统，这些系统均需通过通信网络 CAN 总线进行数据传输，拓扑图如图 7-1 所示。

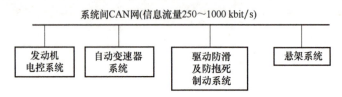

图 7-1　汽车通信网络 CAN 总线方式拓扑图

在一个完善的汽车电控系统中，许多动态信息必须与车速同步。为了满足各子系统的实时性要求，有必要对汽车公共数据实行共享，如发动机转速、车轮转速、加速踏板位置等，但每个控制单元对实时性的要求是因数据的更新速率和控制周期不同而不同的。例如，一个 8 缸柴油机运行在 2400r/min 转速时，电控单元控制喷油器两次喷射的时间间隔为 6.25ms。其中，喷射持续时间为 30°的曲轴转角（2ms），在剩余的 4ms 内需完成转速测量、油量测量、A-D 转换、工况计算、执行器的控制等一系列过程。这就意味着数据发送与接收必须在 1ms 内完成，才能达到柴油机电控的实时性要求。这就要求其数据交换网是基于优先权竞争的模式，且本身具有极高的通信速率，CAN 总线正是为满足这些要求而设计的。不同参数应具有不同的通信优先权，表 7-1 列出了几个典型参数允许响应时间。

表 7-1　典型参数允许响应时间

典型参数	允许响应时间
发动机喷油量	10ms
发动机转速	300ms
车轮转速	1~100s
进气温度	20s
冷却液温度	1min
燃油温度	≈10min

二、CAN 双绞线结构

作为帧的传输载体,总线由两条绝缘截面积为 0.6mm² 的铜线组成,这两条线被称为数据线 Data1 和数据线 Data2,传输着相反的电平信号。

为了抵抗总线中帧发射的电磁干扰,这两条线被绞接在一起,呈双绞状,如图 7-2 所示。

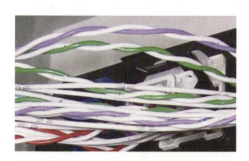

图 7-2 高速 CAN 双绞线

三、车载网络系统在汽车上的应用

车载网络系统在汽车上的应用非常多,按照应用系统加以划分,车用网络大致可以分为 4 个系统:动力传动系统、车身系统、安全系统和信息系统。

1. 动力传动系统

动力 CAN 数据总线连接 3 块 ECU,它们是发动机 ECU、ABS/EDL ECU 及自动变速器 ECU(动力 CAN 数据总线还可以连接安全气囊、四轮驱动与组合仪表等 ECU)。总线可以同时传递 10 组数据,发动机 ECU 5 组、ABS/EDL ECU 3 组、自动变速器 ECU 2 组。数据总线以 500kbit/s 速率传递数据,每一数据组传递大约需要 0.25ms,每一个电控单元 7~20ms 发送一次数据。优先权顺序为 ABS/EDL ECU、发动机 ECU、自动变速器 ECU。

2. 车身系统

与动力传动系统相比,汽车上的各处都配置有车身系统的部件,线束长,容易受到干扰。舒适 CAN 数据总线连接 5 个控制单元(包括中央控制单元及 4 个车门的控制单元),有 5 个功能:中央门锁控制、电动窗控制、照明开关控制、后视镜加热及自诊断功能。

3. 安全系统

安全系统是指根据多个传感器的信息使安全气囊启动等的控制系统。由此使用的节点数将急剧地增加,对此系统的要求是成本低、通信速度快、通信可靠性高。

4. 信息(娱乐、ITS)系统

对信息系统通信总线的要求是容量大、通信速度高。

四、高速 CAN 的波形

高速 CAN 信息里包含一个信号,这个信号在两根配线之间反相、同时发送。CAN-L(低速）在 1.5～2.5V 之间切换，而 CAN-H（高速）在 2.5～3.5V 之间切换，这就导致了两根配线之间的电位差，从而使开关在 0V（逻辑 1）和 2V（逻辑 0）之间切换，最终产生数字信号信息，CAN 波形如图 7-3 所示。

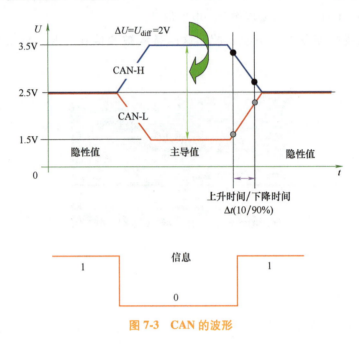

图 7-3　CAN 的波形

五、示波器测量高速 CAN 波形

1. 高速 CAN 实测波形

用示波器测量 CAN-L（或 CAN-H）线和接地之间的电压，会获得一个处于下列电压极限范围内的类矩形波信号，如图 7-4 所示。

CAN-L 对地：$U_{最小}=1.5V$，$U_{最大}=2.5V$。

CAN-H 对地：$U_{最小}=2.5V$，$U_{最大}=3.5V$。

2. 总线端测量前提

1）CAN 总线必须断电。

2）不允许使用其他测量仪（并联测量仪）。

3）测量在 CAN-L 线和 CAN-H 线之间进行。

4）实际值允许与标准值有几欧姆的偏差。

为了避免信号反射，在 2 个 CAN 总线用户上（在 PT-CAN 网络中的距离最远）分别连接一个 120Ω 的终端电阻。这两个终端电阻并联，并构成一个 60Ω 的等效电阻。关闭供电电压后，可以在数据线之间测量这个等效电阻。此外，单个电阻可以各自分开测量。

通过 60Ω 等效电阻进行测量的提示：把一个便于拆装的控制单元从总线上脱开，然后在插头上测量 CAN-L 线和 CAN-H 线之间的电阻。

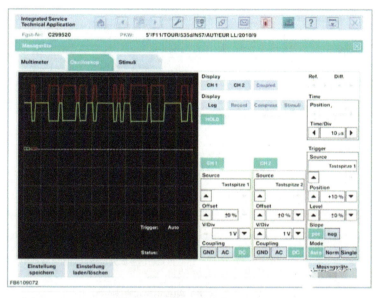

图 7-4　高速 CAN 实测波形

3. CAN 总线失效

当数据总线失效时,在 CAN-L 线或 CAN-H 线上可能存在短路或断路,或者某个控制单元已损坏。

为了查找故障原因,建议进行下列工作步骤:

1) 将总线用户从 CAN 总线上依次拔下,直至找到故障原因。

2) 检查通往控制单元的导线是否短路或断路。

3) 如有可能,检测控制单元。

4) 如果某个控制单元至 CAN 总线的分支线短路,仅执行该工作步骤就成功了。如果 CAN 总线中的一条导线自身短路,则必须检查线束。

六、低速 CAN 系统波形

舒适系统 CAN 总线由 30 号线激活,采用双线式数据总线,由 CAN 驱动数据总线的 CAN-H 线和 CAN-L 线来进行数据交换,其传输速率为 100kbit/s,所以也称为低速 CAN 总线。

1. 舒适系统 CAN 总线的数据传递

为了使舒适系统 CAN 总线抗干扰性强且电流消耗小,大众车系使用了单独的驱动器(功率放大器)。舒适系统 CAN 总线的 CAN-H 线和 CAN-L 线不是通过电阻相连的,而是彼此独立作为电压源来工作。舒适系统 CAN 总线的信号波形如图 7-5 所示。

2. 舒适系统 CAN 总线的数据传递

舒适系统 CAN 总线的工作原理与驱动系统 CAN 总线基本一样,如图 7-6 所示。

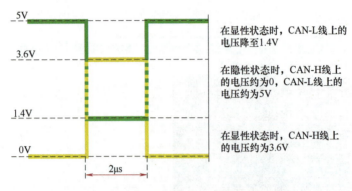

图 7-5　舒适系统 CAN 总线的信号波形

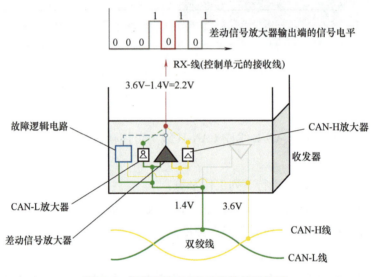

图 7-6　舒适系统 CAN 总线的信号处理

3. 舒适系统 CAN 总线的信号变化

舒适系统 CAN 总线的信号变化由 VAS5051 的数字存储式示波器（DSO）接收，如图 7-7 所示。其中，DSO 设置纵坐标为 2V/Div，横坐标为 0.1ms/Div。

4. 舒适系统 CAN 总线的单线工作模式

如果因断路、短路或与蓄电池电压相连而导致两条 CAN 导线中的一条不工作，那么就会切换到单线工作模式。舒适系统 CAN 总线工作在单线模式下的信号变化如图 7-8 所示。

七、LIN 协议

LIN 协议包括了传输协议的定义、传输媒质、开发工具间的接口以及和软件应用程序间的接口。LIN 协议提升了系统结构的灵活性，并且无论从硬件还是软件角度而言，都为网络中的节点提供了相互操作性，并可预见获得更好的 EMC（电磁兼容）特性。

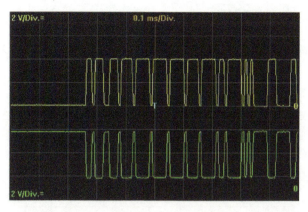

图 7-7 舒适系统 CAN 总线的信号

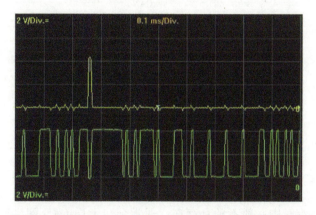

图 7-8 舒适系统 CAN 总线工作在单线模式下的信号变化

八、使用 LIN 协议的原因（完善 CAN 网）

LIN 协议补充了当前的车辆内部多重网络，并且为实现车内网络的分级提供了条件，这有助于车辆获得更好的性能并降低成本。LIN 协议致力于满足分布式系统中快速增长的对软件的复杂性、可实现性、可维护性所提出的要求，它将通过提供一系列高度自动化的工具链来满足这一要求。

CAN 是能够很好地满足控制/要求的通信协议，其费用适中且具有足够的耐用度，这些协议允许的最大速率大约为 1Mbit/s（最长距离为 40m）。但是，当多路传输功能很简单的时候，它的费用仍然很高且其操作过程太过于复杂。另外，当某些电路（如门锁驱动、刮水器驱动和很多空调风门驱动等的控制）被取消之后，仍然没有表现出任何有意义的经济效益。因此，就使用 LIN 协议来作为 CAN 的补充，但并未取代。

另外，采用 LIN 协议可以消除大批电器设备提供的各种系列连接。

协议主要不受控制的特性如下：电磁兼容性不受控制，由于无休眠/唤醒机械过程，其能耗不可控制，不能诊断。

九、LIN 协议的主要特性

LIN 协议是一个简单的协议，低速率、低成本，其主要特征见表 7-2。

LIN 上的信号电压在 0~12V 之间。

表 7-2 LIN 主要特征

参数	特征
交流媒介	1 根导线
流速	1~20kbit/s
节点数	<16
长度	<40m
成本	<CAN
数据制式	64
帧的数据大小	2~8octets
结构	单主/多从
可靠性	<CAN
支节点	自同步

十、CAN/LIN 总线关系

由于 LIN 网络在汽车中一般不独立存在，通常会与上层 CAN 网络相连，形成 CAN-LIN 网关节点。CAN/LIN 总线关系如图 7-9 所示。

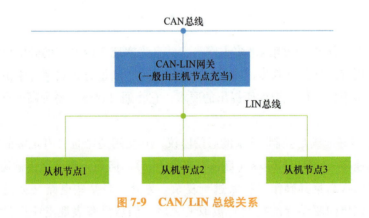

图 7-9 CAN/LIN 总线关系

十一、LIN 总线波形

LIN 总线波形如图 7-10 所示。

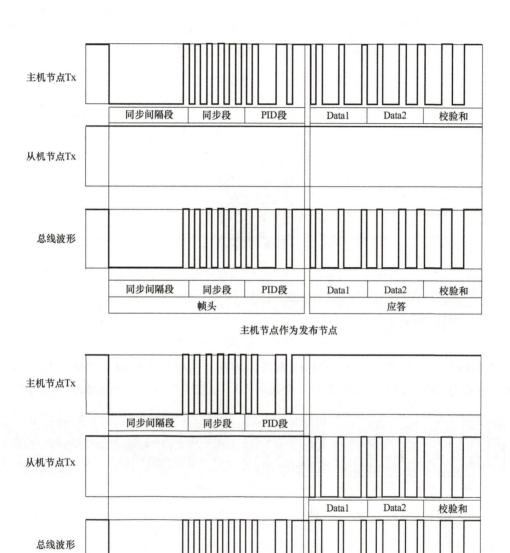

图 7-10　LIN 总线波形

【任务实施】

本任务不设任务实施及相关考评。

任务 2　迈腾汽车高速 CAN 系统的故障诊断与检测

【故障现象】

打开点火开关或起动车辆，起动机无法正常工作。

汽车网络故障诊断与检测

【故障分析】

图 7-11 所示为迈腾驱动 CAN 总线电路原理图。从中可以看出，数据总线诊断接口 J533、双离合器变速器机电装置 J743、变速杆 E313、安全气囊控制单元 J234、发动机控制

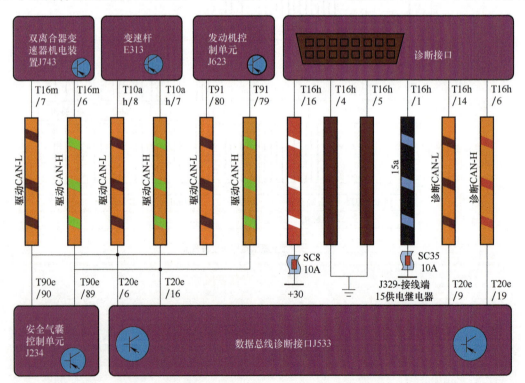

图 7-11　迈腾驱动 CAN 总线电路原理图

单元 J623 组成了驱动系统 CAN 总线局域网。在驱动 CAN 局域网中，所有系统数据的格式和速率是一样的，数据可以互相传输。

CAN 总线系统常见的故障有 CAN-H 线或 CAN-L 线断路、虚接、对正极短路、对正极虚接、对负极短路、对负极虚接、彼此互短、彼此之间虚接，不同的虚接电阻对系统的影响不同。

注意：系统对 CAN-L 线与地短路故障有容错功能，在这种情况下还可以正常通信，而对 CAN-H 线与地短路故障没有容错功能；系统对 CAN-H 线对正极短路故障有容错作用，对 CAN-L 线则没有。

【故障诊断】

当总线出现故障的时候，最好利用示波器同时测量 CAN-H、CAN-L 的信号波形，借助信号的形成原理分析故障部位和故障原因。

第一步：检测 CAN-H 断路的波形，如图 7-12 所示。

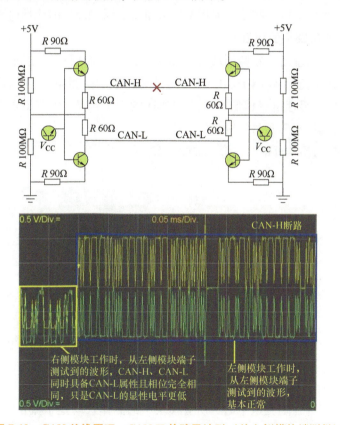

图 7-12　CAN 总线原理、CAN-H 故障及波形（从左侧模块端测得）

正常情况下，因为在隐性电平时，所有模块中的晶体管均处于截止状态，所以 CAN-H、CAN-L 的电位实质上就是两个 100MΩ 电阻之间的电位，即为 5V 的一半；当 CAN-H 断路时,并没有改变原有电路任何的电流大小,CAN-H、CAN-L 的电位还是两个 100MΩ 电阻之间的电位,即为 5V 的一半,所以不变。

在正常情况下,当左侧模块发送信息时,左侧 CAN-H 电动势会因为晶体管导通,使得晶体管上、下游的电路导通,串联电阻(90Ω、60Ω)导通产生分压,而使得左侧模块端的 CAN-H 总线电压上升到 3.5V;此时如果 CAN-H 断路,左侧 CAN-H 端会因为失去右侧模块中的电阻而使其对应的晶体管上方的 90Ω 电阻内的电流相对减小,那该电阻两端的电压降将会减小,从而使左侧模块端 CAN-H 电压在正常增大的基础上进一步增大,因而 CAN-H 的波形从 2.5V 的隐性电压切换到 3.95V 左右,相对 3.5V 有了 0.45V 的提高。

在正常情况下,当左侧模块发送信息时,左侧 CAN-L 电动势会因为晶体管导通,使得晶体管上、下游的电路导通,串联电阻(90Ω、60Ω)导通产生分压,而使得左侧模块端的 CAN-L 总线电压下降到 1.5V;此时如果 CAN-H 断路,右侧模块中两个 60Ω 电阻之间的对地电阻有一定的下降,导致该点的电压有所下降(注意:由于 CAN-H 断路,右侧控制模块端 CAN-H 电压和该点电压一致,所以也有明显的下降,而且切换的方向是反的),而整体上还是 CAN-L 左端比右端的电势低,所以流经左侧控制模块内的 CAN-L 对应的 90Ω 电阻的电流减小,因为其两端的电压降减小,所以 CAN-L 的波形从 2.5V 的隐性电平切换到 1.22V 左右,相对 1.5V 有了 0.28V 的降低。

当左侧模块发送信息时,右侧模块的 CAN-L 波形和左侧模块的相同,但 CAN-H 会检测到来自右侧模块的反射波,CAN-H、CAN-L 同时具备 CAN-L 的属性且相位完全相同,只是 CAN-L 相对 CAN-H 的显性电平偏低一些,CAN-H 的为 1.48V,CAN-L 的为 1.22V;这种情况下,左侧的控制模块不会参与系统工作。

第二步:检测 CAN-L 断路的波形,如图 7-13 所示。

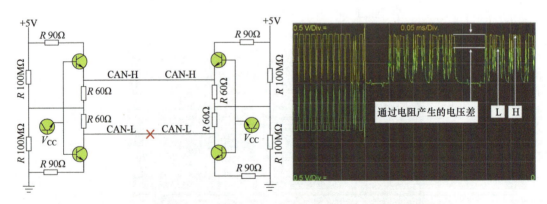

图 7-13 CAN 总线原理、CAN-L 故障及波形(从左侧模块端测得)

正常情况下,因为在隐性电平时,所有模块中的晶体管均处于截止状态,所以 CAN-H、CAN-L 的电位实质上就是两个 100MΩ 电阻之间的电位,即为 5V 的一半;当 CAN-L 断路时,并没有改变原有电路任何的电流大小,CAN-H、CAN-L 的电位还是两个 100MΩ 电阻之间的电位,即为 5V 的一半,所以不变。

在正常情况下，当左侧模块发送信息时，左侧 CAN-L 电动势会因为晶体管导通，使得晶体管上、下游的电路导通，串联电阻（90Ω、60Ω）导通产生分压，而使得左侧模块端的 CAN-L 总线电压下降到 1.5V；此时如果 CAN-L 断路，左侧 CAN-L 端会因为失去右侧模块中的电阻而使其对应的晶体管下方的 90Ω 电阻内的电流相对减小，那该电阻两端的电压降将会减小，从而使左侧模块端 CAN-L 的电动势在正常减小的基础上进一步减小，因而 CAN-L 的波形从 2.5V 的隐性电压切换到 1.0V 左右，相对 1.5V 有了 0.5V 的降低。

在正常情况下，当左侧模块发送信息时，左侧 CAN-H 电动势会因为晶体管导通，使得晶体管上、下游的电路导通，串联电阻（90Ω、60Ω）导通产生分压，而使得左侧模块端的 CAN-H 总线电压上升到 3.5V；此时如果 CAN-L 断路，右侧模块中两个 60Ω 电阻之间的对地电阻有一定的增大，导致该点的电压有所升高（注意：由于 CAN-L 断路，右侧控制模块端 CAN-L 电压和该点电压一致，所以也有明显的升高，而且切换的方向是反的），而整体上还是 CAN-H 左端比右端的电动势高，所以流经左侧控制模块内的 CAN-H 对应的 90Ω 电阻的电流减小，因为其两端的电压降减小，所以 CAN-H 的波形从 2.5V 的隐性电平切换到 3.8V 左右，相对 3.5V 有了 0.3V 的升高。

当左侧模块发送信息时，右侧模块的 CAN-H 波形和左侧模块的相同，但 CAN-L 会检测到来自右侧模块的反射波，CAN-H、CAN-L 同时具备 CAN-H 的属性且相位完全相同，只是 CAN-H 相对 CAN-L 的显性电平偏低一些，CAN-H 的电平为 3.8V，CAN-L 的电平为 3.54V。

这种情况下，左侧的控制模块不会参与系统工作。

注意：观察这类信号波形时，先观察波形相位和切换方向重叠的部分，只要有这种类似的波形，就说明总线有断路的地方，至于是 CAN-H 还是 CAN-L 断路，可以参照重叠部分波形的显性电平的高低来判定。如果 CAN-H 高于 CAN-L，说明 CAN-H 断路；如果 CAN-L 高于 CAN-H，说明 CAN-L 断路。

第三步：检测 CAN-H 虚接的波形，如图 7-14 所示。

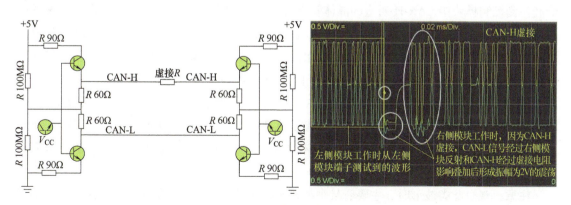

图 7-14　CAN 总线原理、CAN-H 虚接故障及波形（从左侧模块端测得）

当 CAN-H 虚接时，并没有改变原有电路任何的电流大小，CAN-H、CAN-L 的电位还是两个 100MΩ 电阻之间的电位，即为 5V 的一半，所以隐性电平不变。

当左侧模块发送信息时，由于虚接，左侧控制模块的 CAN-H 端与接地之间的电阻增大，那流经左侧控制模块中 CAN-H 对应的晶体管上方的 90Ω 电阻内的电流减小,该电阻两端的电压降将减小,左侧控制模块端 CAN-H 信号电压会相应提高,从 2.5V 切换到 3.88V,显性电平相对 3.5V 有了 0.38V 的提高,虚接电阻越小,显性电平越接近 3.5V;CAN-L 的显性电平也随之下降,约为 1.26V;实验虚接电阻为 1kΩ,电阻越大,对系统影响越大。

当右侧模块发送信息时,由于虚接,右侧控制模块端 CAN-H 的电压有了明显的下降,信号波形从 2.5V 切换到 1.74V,相对 3.5V 有了 1.76V 的降低,显性电平反方向变化;CAN-L 波形从 2.5V 切换到 1.26V,相对 1.5V 有了降低;实验虚接电阻为 1kΩ,电阻越大,对系统影响越大。

第四步:检测 CAN-L 虚接的波形,如图 7-15 所示。

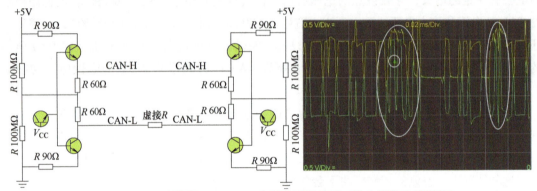

图 7-15　CAN 总线原理、CAN-L 虚接故障及波形(从左侧模块端测得)

当 CAN-L 虚接时,并没有改变原有电路任何的电流大小,CAN-H、CAN-L 的电位还是两个 100MΩ 电阻之间的电位,即为 5V 的一半,所以隐性电平不变。

当左侧模块发送信息时,由于虚接,左侧控制模块的 CAN-H 端与接地之间的电阻增大,流经左侧控制模块中 CAN-H 对应的晶体管上方的 90Ω 电阻内的电流减小,该电阻两端的电压降将减小,左侧控制模块端 CAN-H 信号电压会相应提高,从 2.5V 切换到 3.75V,显性电平相对 3.5V 有了 0.25V 的提高,虚接电阻越小,显性电平越接近 3.5V;CAN-L 的显性电平随之下降,约为 1.1V;实验虚接电阻为 1kΩ,电阻越大,对系统影响越大。

当右侧模块发送信息时,由于虚接,右侧控制模块端 CAN-H 的电压有了明显的提高,波形从 2.5V 切换到 3.75V,相对 3.5V 有了 0.25V 的提高;CAN-L 波形从 2.5V 切换到 3.26V,显性电平反方向变化,相对 1.5V 有了明显的提高;实验虚接电阻为 1kΩ,电阻越大,对系统影响越大。

注意:观察此类波形时,主要看某个控制模块的 CAN 总线信号波形是否存在逆向切换的显性电平,如果 CAN-H 信号波形存在逆向切换的显性电平,则为 CAN-H 存在虚接,虚接电阻越大,逆向切换后的显性电平越低;如果 CAN-L 信号波形存在逆向切换的显性电平,则为 CAN-L 存在虚接,虚接电阻越大,逆向切换后的显性电平越高。

第五步:检测 CAN-H 对 +B 短路的波形,如图 7-16 所示。

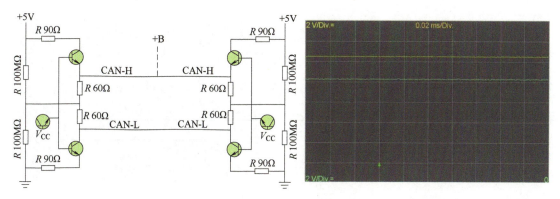

图 7-16　CAN 总线原理、CAN-H 对+B 短路故障及波形（从左侧模块端测得）

CAN-H 的隐性电平为+B，因为 CAN-H、CAN-L 之间有 60Ω 的电阻存在，所以 CAN-L 的隐性电平相对 CAN-H 会偏低大约 2V。

当某侧模块发送信息时，CAN-H 始终为+B；CAN-L 的波形会在 10V（隐性电平）的基础上切换到 4.4V，相对正常的 1.5V 有明显的提高。

第六步：检测 CAN-L 对+B 短路的波形，如图 7-17 所示。

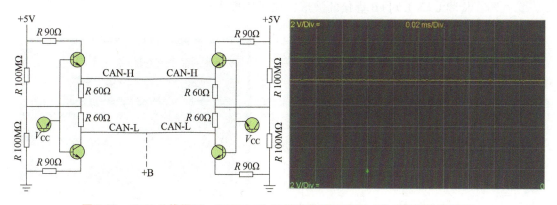

图 7-17　CAN 总线原理、CAN-L 对+B 短路故障及波形（从左侧模块端测得）

CAN-L 的隐性电平为+B，因为 CAN-H、CAN-L 之间有 60Ω 的电阻存在，所以 CAN-H 的隐性电平相对 CAN-H 会偏低大约 2V，为 9.72V。

当某侧模块发送信息时，CAN-L 始终为+B；CAN-H 的波形会在 9.72V（隐性电平）的基础上切换到 9.12V，相对正常的 3.5V 有明显的提高。

注意：观察此类波形时，主要看所有控制模块总线波形的隐性电平是否有一根信号线电压始终保持为+B，而另外一根信号线为 10V；如果有，就说明 CAN 总线对+B 短路。如果 CAN-H 为+B，CAN-L 为 10V，说明 CAN-H 对+B 短路；如果 CAN-L 为+B，CAN-H 为 10V，说明 CAN-L 对+B 短路。

第七步：检测 CAN-H 对+B 虚接的波形，如图 7-18 所示。

虚接电阻越大，对隐性电平的影响越小（2.5~+B），电阻越大，隐性电平越靠近 2.5V，

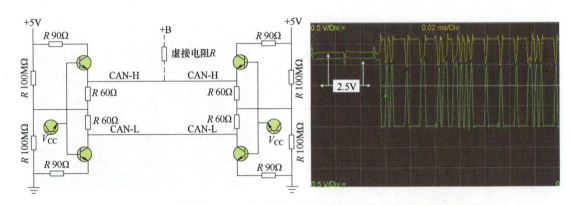

图 7-18　CAN 总线原理、CAN-H 对+B 虚接故障及波形（从左侧模块端测得）

同时 CAN-H 的隐性电平会略高于 CAN-L。实验电阻为 200Ω，CAN-H 隐性电压为 6.5V，CAN-L 隐性电压为 5.7V。

当某侧模块发送信息时，CAN-H 波形在被提高的隐性电压（6.5V）和 4.5V 之间反向切换；同样，CAN-L 波形在被提高的隐性电压（5.7V）和 1.8V 之间正向切换。

CAN-H、CAN-L 显性电平的差值大于 2V，CAN 总线仍可以正常通信。

第八步：检测 CAN-L 对+B 虚接的波形，如图 7-19 所示。

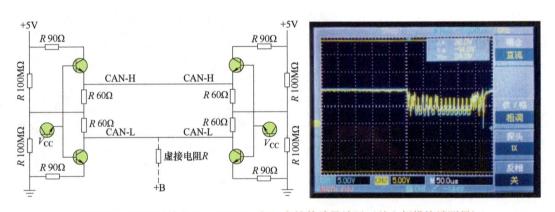

图 7-19　CAN 总线原理、CAN-L 对+B 虚接故障及波形（从左侧模块端测得）

与虚接电阻大小有关，电阻越大，对隐性电平的影响越小（2.5~+B），电阻越大，隐性电平越靠近 2.5V，同时 CAN-L 的隐性电平会略高于 CAN-H。实验电阻为 200Ω，CAN-L 隐性电压为 6.5V，CAN-H 隐性电压为 5.7V。

当某侧模块发送信息时，CAN-H 波形在被提高的隐性电压（5.7V）和 3.96V 之间反向切换；同样，CAN-L 波形在被提高的隐性电压（6.5V）和 2.8V 之间正向切换。

注意：观察此类波形时，主要看所有控制模块总线波形的隐性电平是否同时明显大于 2.5V。如果有，就说明 CAN 总线存在对+B 虚接。如果 CAN-H 的隐性电平大于 CAN-L，说明 CAN-H 对+B 虚接；如果 CAN-L 的隐性电平大于 CAN-H，说明 CAN-L 对+B 虚接。

第九步：检测 CAN-H 对地短路的波形，如图 7-20 所示。

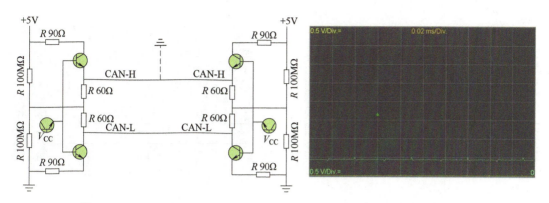

图 7-20　CAN 总线原理、CAN-H 对地短路故障及波形（从左侧模块端测得）

因为 CAN-H 对地短路，所以 CAN-H 的隐性电平变为零，而 CAN-L 的电压因为终端电阻的存在而比 CAN-H 的隐性电平提高 0.5V。

当某侧模块发送信息时，CAN-H 依然为零，CAN-L 相对隐性电平 0.5V 会更低一点，大约为 0.23V。

第十步：检测 CAN-L 对地短路的波形，如图 7-21 所示。

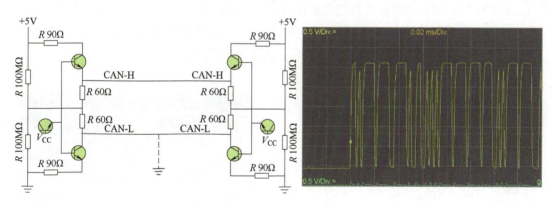

图 7-21　CAN 总线原理、CAN-L 对地短路故障及波形（从左侧模块端测得）

因为 CAN-L 对地短路，所以 CAN-L 的隐性电平变为零，而 CAN-H 的电压因为终端电阻的存在而比 CAN-L 的隐性电平提高 0.5V。

当某侧模块发送信息时，CAN-L 依然为零，CAN-H 相对隐性电平 0.5V 会提高，大约为 2.96V。

注意：观察此类波形时，主要看所有控制模块总线波形的隐性电平是否有一根信号线电压始终保持为 0，而另外一根信号线为 0.5V。如果有，说明 CAN 总线对地短路。如果 CAN-H 为 0，CAN-L 为 0.5V，说明 CAN-H 对地短路；如果 CAN-L 为 0，CAN-H 为 0.5V，说明 CAN-L 对地短路。

第十一步：检测 CAN-H 对地虚接的波形，如图 7-22 所示。

与虚接电阻大小有关，虚接电阻越小，对隐性电平的影响越大（0～2.5），电阻越小，

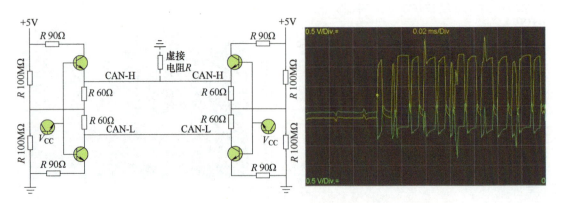

图 7-22 CAN 总线原理、CAN-H 对地虚接故障及波形（从左侧模块端测得）

隐性电平越靠近 0V。因为 CAN-H 对地虚接，所以 CAN-H 的隐性电平性对 CAN-L 要低一些，这是因为终端电阻的存在；实验虚接电阻为 200Ω，CAN-H 的隐性电平为 1.43V，CAN-L 的隐性电平为 1.65V。

当某侧模块发送信息时，因为晶体管导通，CAN-H 波形在被拉低的隐性电平（1.43V）与 3.1V 之间切换，相对正常情况下的 3.5V 有所下降；同样 CAN-L 波形在被拉低的隐性电平（1.65V）与 1.31V 之间切换，相对正常的 1.5V 有所下降。

CAN-H、CAN-L 显性电平的差值基本保持 2V，CAN 总线仍可以正常通信。

第十二步：检测 CAN-L 对地虚接的波形，如图 7-23 所示。

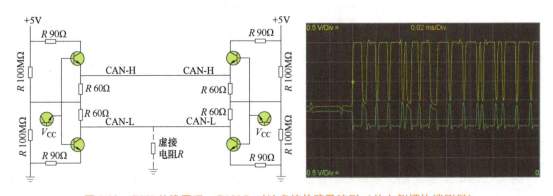

图 7-23 CAN 总线原理、CAN-L 对地虚接故障及波形（从左侧模块端测得）

与虚接电阻大小有关，虚接电阻越小，对隐性电平的影响越大（0~2.5），电阻越小，隐性电平越靠近 0V。因为 CAN-L 对地虚接，所以 CAN-L 的隐性电平相对 CAN-H 要低一些，这是因为终端电阻的存在；实验虚接电阻为 200Ω，CAN-L 的隐性电平为 1.43V，CAN-H 的隐性电平为 1.65V。

当某侧模块发送信息时，因为晶体管导通，CAN-H 波形在被拉低的隐性电平（1.65V）与 3.43V 之间切换，相对正常情况下的 3.5V 有所下降；同样 CAN-L 波形在被拉低的隐性电平（1.43V）与 1.31V 之间切换，相对正常的 1.5V 有所下降。

CAN-H、CAN-L 显性电平的差值基本保持 2V，CAN 总线仍可以正常通信。注意：观察此类波形时，主要看所有控制模块总线波形的隐性电平是否同时明显小于 2.5V。如果有，说明 CAN 总线存在对地虚接。如果 CAN-L 的隐性电平大于 CAN-H，说明 CAN-H 对地虚接；如果 CAN-H 的隐性电平大于 CAN-L，说明 CAN-L 对地虚接。

第十三步：检测 CAN-H、CAN-L 互短的波形，如图 7-24 所示。

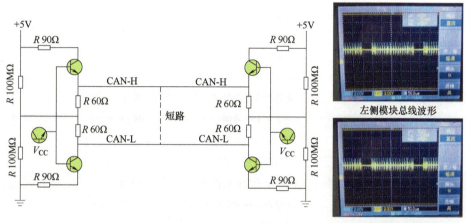

图 7-24　CAN 总线原理、CAN-H、CAN-L 互短故障及波形（从左侧模块端测得）

【故障机理】

不管是隐性还是显性，CAN-H、CAN-L 的信号应始终维持在 2.5V。

【任务记录单】

班级：	姓名：	学号：	车型：
故障现象的确认及描述			
故障原因分析			
测量相关部位的信息记录（含相关数据、故障码等）			
对造成故障的相关部位的诊断及维修过程			
确认故障点			
机理分析			
教师确认签字：		日期：	

【任务评价表】

项目	作业	作业内容及评分标准	配分	扣分原因	得分
CAN 故障	确认故障现象	记录故障状态	5分		
		正确地查阅资料	5分		
	检查测试相关系统部件并记录	确认需检测的系统、部件	5分		
		确认测试点、测试内容	5分		
		说明理由	5分		
	测试机件	正确地测量	10分		
	检查状态	正确地选择测量仪器	5分		
		正确地实施检测	10分		
		确认测试插头及电路	5分		
	检测 CAN	正确地连接测量仪器	10分		
		正确地读取记录数据	10分		
		正确地分析测量结果	10分		
		说明故障点	5分		
	确认故障并排除	确认故障点并排除	5分		
		故障码清除	5分		
		总分			

任务 3　低速 CAN 系统的故障诊断与检测（速腾右侧玻璃升降器和后视镜无法工作）

【故障现象】

打开点火开关或起动车辆，驾驶人侧玻璃升降器开关无法操作右侧前、后车窗玻璃的升降，但可以正常控制左侧前、后车窗玻璃的升降。

同时关闭所有车门后，操作中控锁按钮和遥控器落锁，所有车门正常。

操作后视镜，左侧后视镜工作正常，右侧后视镜无法调节。

向右拨动转向灯开关，右侧后视镜上的转向指示灯无法正常工作。

【故障分析】

由于中控门锁工作正常，说明中控锁开关与驾驶人侧车门控制单元 J386、前排乘员侧控制单元 J387、左后车门控制单元 J926、右后车门控制单元 J927、舒适系统控制单元 J393 之间的通信没有中断。

由于位于左前门的玻璃升降器开关和后视镜调整开关无法控制右侧车门的运行，说明控制单元 J386 与控制单元 J387 之间的 CAN 总线存在通信故障。

两者综合以后，CAN-H、CAN-L 均有（断路）故障，并且断点分布在不同的部位，靠单线通信模式不影响舒适性控制模块和 4 个车门控制模块之间的通信。

如果系统有故障码提示，则按照故障码指示的内容进行诊断；如果没有故障码，则需要根据故障概率进行诊断。

相关系统电路图如图 7-25 所示。

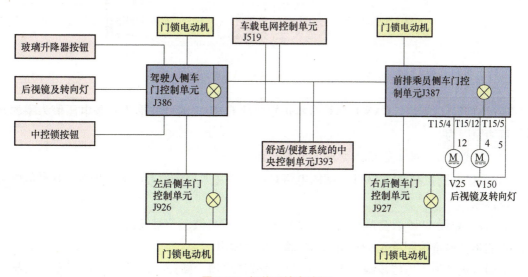

图 7-25　相关系统电路图

【故障诊断】

第一步：扫描网关列表。

发现地址码 42 和 52 无法达到，但别的模块可以到达，说明网关与控制单元 J386 和控制单元 J387 之间均通信异常，可能原因为：

1）控制单元 J386 自身故障。

2）控制单元 J387 自身故障。

3）CAN 总线故障。

诊断时，应先排除 CAN 总线故障，再排除元器件故障。由于网关可以到达其他模块，只是不能到达控制单元 J386 和控制单元 J387，所以可以从控制单元 J386 或控制单元 J387 插接器处开始进行测量，确定故障所在。

第二步：测量控制单元 J386 的 CAN 总线信号输出。

关闭点火开关,断开控制单元 J386 端的电气插接器(含 CAN 总线),然后打开点火开关,操作驾驶人侧的右窗玻璃升降器开关或后视镜调整开关,用示波器的双通道功能同时测量控制单元 J386 端电气插接器的端子 T20h/8、T20h/9 的对地信号波形。正常情况下应测得图 7-26b 所示的波形,实测为图 7-26a 所示的波形(实际应为上、下对调)。

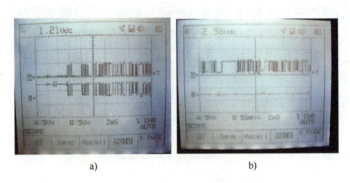

图 7-26　控制单元 J386 的 CAN 总线信号

通过波形可以看出,CAN-L 信号基本正常,而 CAN-H 信号波形为一条电压值为零的直线,可能原因为:

1)测试点到控制单元 J386 之间的电路断路。

2)测试点到控制单元 J386 之间的电路对地短路(如果波形有明显的振荡,这种故障可能可以排除)。

3)控制单元 J386 自身故障,从而造成 CAN-H 没有波形信号输出。

第三步:测量控制单元 J387 的 CAN 总线信号输出。

关闭点火开关,连接控制单元 J387 端的电气插接器,断开控制单元 J386 端的电气插接器(含 CAN 总线),然后打开点火开关,操作前排乘员侧的玻璃升降器开关,用示波器的双通道功能同时测量控制单元 J383 端电气插接器的端子 T20j/8、T20j/9 的对地信号波形。正常情况下应测得图 7-27b 所示的波形,实测为图 7-27a 所示波形(实际应为上、下对调)。

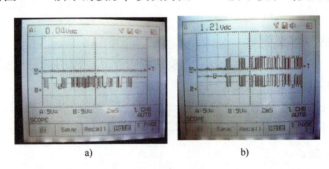

图 7-27　控制单元 J383 的 CAN 总线信号

通过波形可以看出,CAN-H 信号基本正常,而 CAN-L 信号波形为一条电压值为零的直线。结合上步测试说明,控制单元 J386 与控制单元 J387 之间的电路没有异常搭铁和断路故障,造成上步中 CAN-H 信号异常的原因可能是控制单元 J386 及其电气插接器故障;造成该步中 CAN-L 信号异常的原因可能是控制单元 J387 及其电气插接器故障。

在仔细检查控制单元 J386、J387 的电气插接器发现没有故障，确认控制单元 J386、J387 自身故障，更换控制单元、进行必要编码（有时不需要）后，清除故障码。试验发现驾驶人侧玻璃升降开关可控制右前车窗玻璃下降，但不能控制右前车窗玻璃上升，其他车窗玻璃均能够正常升降。车窗玻璃升降的标准波形如图 7-28 和图 7-29 所示。

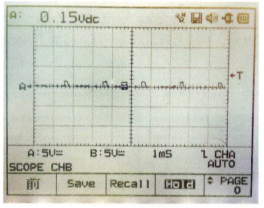
a）点动下降的标准波形

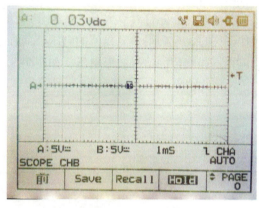
b）自动下降的标准波形

图 7-28　车窗玻璃下降的标准波形

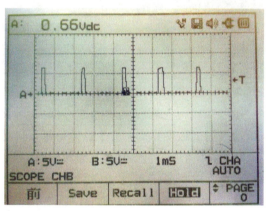
a）点动上升的标准波形

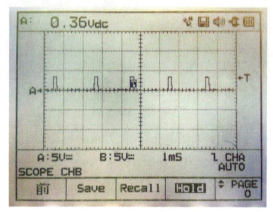
b）自动上升的标准波形

图 7-29　车窗玻璃上升的标准波形

第四步：清除故障码并再次读取故障码。

打开点火开关，用解码器扫描网关，读取故障码，发现无相关故障码。

第五步：读取数据流。

打开点火开关，用解码器读取数据流，测量值始终显示未操作，测试结果异常，可能原因为：

1）控制单元 J386 自身故障。

2）开关 E715 自身故障。

第六步：检查开关 E715 输入是否正常。

根据开关的工作原理，控制单元 J386 通过端子 T32a/15 给开关 E715 提供方波脉冲参考信号，通过端子 T32a/21 给开关 E715 提供搭铁，操作开关 E715 时会给电路串入不同的电阻，从而改变参考信号的幅值，控制单元 J386 就是通过幅值的变化来识别不同的档位指令。因此测量时，在信号线上任何一点进行测试都可以发现故障。

测量时，首先打开点火开关，操作开关 E715，测量开关信号波形。正常情况下，在不操作开关时，应测得最高幅值的电压，而在点动上升、持续上升、点动下降、持续下降时，会测得不同幅值的信号波形电压，如图 7-30 所示。

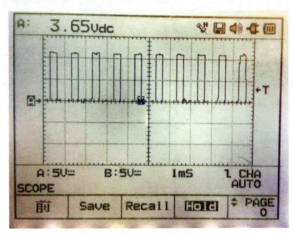

图 7-30　开关 E715 信号波形

【故障机理】

实测点动上升、自动上升波形始终如图 7-30 所示，测试结果异常；由于点动下降、自动下降时波形正常，说明开关 E715 自身断路故障。更换新的开关后，故障排除，系统恢复正常。

【任务记录单】

	班级：	姓名：	学号：	车型：
故障现象的确认及描述				
故障原因分析				
测量相关部位的信息记录（含相关数据、故障码等）				
对造成故障的相关部位的诊断及维修过程				
确认故障点				
机理分析				
教师确认签字：			日期：	

【任务评价表】

项目	作业	作业内容及评分标准	配分	扣分原因	得分
CAN 故障	确认故障现象	记录故障状态	5分		
		正确地查阅资料	5分		
	检查测试相关系统部件并记录	确认需检测的系统、部件	5分		
		确认测试点、测试内容	5分		
		说明理由	5分		
	测试机件	正确地测量	10分		
	检查状态	正确地选择测量仪器	5分		
		正确地实施检测	10分		
		确认测试插头及电路	5分		
	检测 CAN	正确地连接测量仪器	10分		
		正确地读取记录数据	10分		
		正确地分析测量结果	10分		
		说明故障点	5分		
	确认故障并排除	确认故障点并排除	5分		
		故障码清除	5分		
		总分			

任务4 LIN 系统的故障诊断与检测（速腾左后玻璃升降器和门锁无法工作）

【故障现象】

驾驶人侧左后玻璃升降器开关可以操控左后车窗玻璃上升，不能控制其下降，但左后车门上的玻璃升降器开关可以正常控制。

驾驶人侧玻璃升降器开关及右后车门上的玻璃升降器开关均无法操控右后车窗玻璃的升降，但左前、右前车门上的玻璃升降器工作正常。

关闭所有车门后，仪表显示右后车门处于开启状态；操作中控锁按钮所有车门均无法落锁，除右后车门外的车门及行李舱解锁时均有动作。

操作遥控钥匙，其他车门正常落锁，但右后车门仍无法落锁，打开示廓灯档时，右后门玻璃升降器按钮上照明灯不亮，其余正常。

左后车门系统原理图如图 7-31 所示。

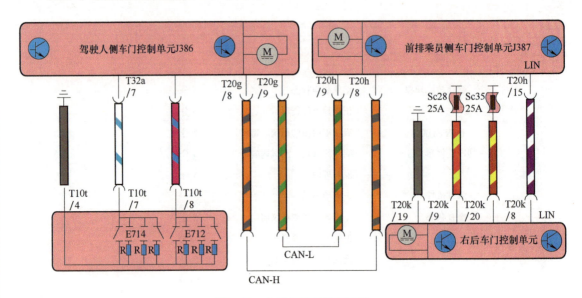

图 7-31　左后车门系统原理图

【故障分析】

由于左后车门的玻璃升降器开关可以正常控制自身车窗玻璃的上升和下降，而且由于玻璃的上升和下降是靠同一个电动机的正转和反转完成的，因此电动机及其供电电路没有故障，造成 该车门玻璃升降器不能工作的原因应该是开关机信号输入电路故障。由于驾驶人侧的中控开关或遥控器无法控制右后车门的运行，加上关闭所有车门后，仪表显示右后车门处于开启状态，说明故障原因主要为：

1）控制单元 J927 自身及电源电路上。
2）控制单元 J927 与 J387 之间 LIN 线通信故障。

如果系统有相关故障码，按照故障码提示进行诊断；如果没有故障码，需要按照故障现象分区域进行诊断。

【故障诊断】

第一步：扫描控制模块，读取故障码。

地址码 52 中：010002，U10BA00，本地数据总线无通信，未达到下限。故障码说明控制单元 J387 与控制单元 J927 之间的通信存在故障，才导致右后门的功能失效。这可能是由于以下几个原因造成的：

1）控制单元 J387 自身故障。
2）控制单元 J387 与控制单元 J927 之间 LIN 总线电路故障。

3) 控制单元 J927 自身故障。

第二步：检查控制单元 J927 一侧 LIN 总线信号是否正常。

打开点火开关，操作驾驶人侧的右后门玻璃升降器开关或中控门锁开关，用示波器测量控制单元 J927 一侧的端子 T20k/8 的对地波形（可以使用跨接线，以确保可以测得控制单元 J927 插接器端子上的真实信号）。正常情况下，应测得类似图 7-32b 所示的波形，实测波形为电压约等于蓄电池电压的直线，如图 7-32a 所示。

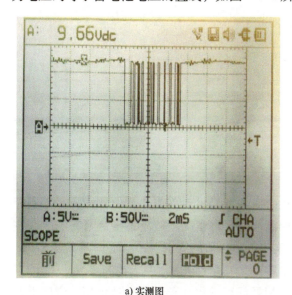 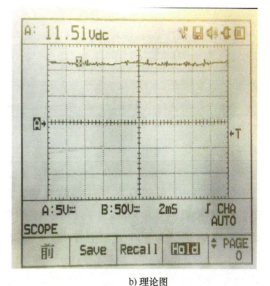

a) 实测图   b) 理论图

图 7-32 控制单元 J927 端 LIN 波形图

测试结果表明 LIN 总线信号始终维持在蓄电池正极电压，属于异常，可能故障原因为：

1) LIN 总线对正极短路。

2) 测试点到控制单元 J387 之间的 LIN 总线出现断路（注意：这种情况下，如果不操作右后门上的玻璃升降器开关，控制单元 J927 会持续发出蓄电池正极电压信号，而操作时就会发出图 7-32b 所示的信号波形）。

第三步：检查控制单元 J927 线束侧 LIN 总线信号是否正常。

断开控制单元 J927 的插接器，打开点火开关，操作驾驶人侧的右后门玻璃升降器开关或中控门锁开关，用示波器测量控制单元 J927 的插接器线束一端的端子 T20k/8 的对地波形。正常情况下，应测得类似图 7-33b 所示的波形，实测波形为电压约等于搭铁电压的直线，如图 7-33a 所示。

测试结果表明 LIN 总线信号始终维持在搭铁电压，属于异常，可能故障原因为：

1) 控制单元 J387 自身故障。

2) 测试点到控制单元 J387 之间的 LIN 总线出现断路。

第四步：检查控制单元 J387 线束侧对地电压。

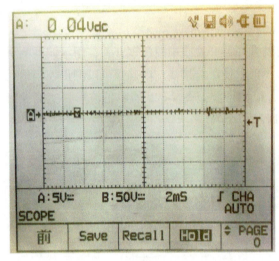 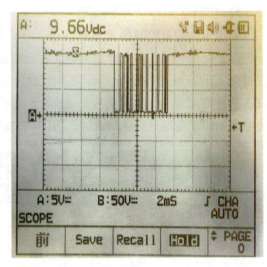

a) 实测图   b) 理论图

图 7-33 控制单元 J927 线束端 LIN 波形图

恢复控制单元 J927 的插接器的连接，断开控制单元 J387 插接器，用万用表测量控制单元 J386 插接器线束一端的端子 T20h/15 的对地电压。正常情况下，应测得蓄电池电压（注意：控制单元 J387 的插接器处于断开状态），实测为电压值约等于搭铁电压。

测试结果表明 LIN 总线信号始终维持在搭铁电压，属于异常，由于控制单元 J927 的端子 T20k/8 的对地电压为蓄电池正极电压。同一根导线两端电压差为蓄电池电压，说明电路上存在断路。查阅资料发现在 B 柱上有个插接器，所以可以先检查插接器是否完好，然后检查导线。

第五步：检查 B 柱插接器是否完好。

保持控制单元 J387 的插接器断开，用示波器分别测量 B 柱上的插接器端子 T28b/6 的对地电压。正常情况下，应测得蓄电池电压（注意：控制单元 J387 插接器处于断开状态），实测为：靠近控制单元 J927 侧的端子电压正常，而靠近控制单元 J387 侧的电压约等于搭铁电压。

测试结果说明 B 柱上的插接器连接故障，进行必要的维修后，连接控制单元 J387 的电气插接器，系统故障依旧，故障码依然存在，说明控制单元 J387 与控制单元 J927 之间 LIN 总线还是存在故障。

第六步：再次检查测量控制单元 J387 端 LIN 线波形。

打开点火开关，操作驾驶人侧的右后门玻璃升降器开关或中控门锁开关，用示波器测量控制单元 J387 一侧的端子 T20h/15 的对地波形（可以使用跨接线，以确保可以测得控制单元 J387 插接器端子上的真实信号）。正常情况下，应测得类似图 7-34b 所示的波形，实测波形为约等于蓄电池电压的直线，如图 7-34a 所示。

测试结果说明控制单元 J387 没有发出正确的波形信号，蓄电池电压来自控制单元 J927。由于右前门上的玻璃升降器电动机、门锁电动机、后视镜的部分功能可以实现，说明 CAN 总线工作正常、控制单元 J387 自身供电没有问题，造成控制单元 J387 不能正常输出 LIN 线

项目7 汽车网络故障诊断与检测

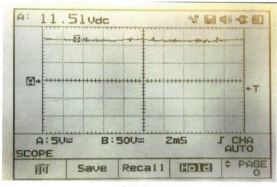 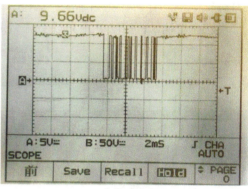

a)实测波形（异常）   b)标准波形

图7-34 控制单元J387插接器端子信号波形

信号的原因只能是控制单元J387自身损坏。更换控制单元J387后，驾驶人侧玻璃升降器开关可以正常操控右后车窗的升降；关闭所有车门后，仪表显示右后车门处于关闭状态；操作中控锁按钮所有车门均可以落锁；操作遥控钥匙，所有车门正常落锁。但驾驶人侧左后玻璃升降器开关还是只可以操控左后车窗玻璃上升，不能控制玻璃下降。由于左后车门上的玻璃升降器开关可以正常控制，说明驾驶人侧升降器开关及信号输入电路存在故障。

第七步：清除并再次读取故障码。

发现无故障码，只能基于原理对驾驶人侧升降器开关及信号输入电路进行测试。

第八步：检查驾驶人侧左后车窗升降器开关的信号输入是否正常。

在地址码42中读取驾驶人侧左后车窗升降器开关的测量值（42~66数据组），在上升时显示未操作（异常），其他正常。根据玻璃升降器控制开关的工作原理，确定在进行下降操作时，控制模块没有接收到正确的信号，可能故障原因为：

1) 开关自身的故障。

2) 控制单元J386自身故障。

第九步：检查开关E712的信号输出是否正常。

打开点火开关，操作驾驶人侧的左后门车窗玻璃升降器开关，用示波器测量开关E712的端子T10t/5的对地波形。正常情况下，在点动上升、连续上升、点动下降、连续下降时，应可以测得不同幅值的方波脉冲信号（该信号由控制模块发出，在不同档位，升降器开关串入不同的电阻，从而改变信号的幅值，控制模块根据信号的幅值来判定开关指令）。实际测试结果：在点动和持续上升时，开关信号未见异常，而点动下降和连续下降时，开关信号电压始终为零（故障为相应电路短路。如果开路，则信号幅值始终保持未操作时的状态）。

【故障机理】

测试结果说明，开关内部上升触点对地短路，更换新的车窗升降器开关，系统性能恢复

正常。

注意：也可以从控制单元 J387 处测量 LIN 总线信号开始。

【任务记录单】

	班级：	姓名：	学号：	车型：
故障现象的确认及描述				
故障原因分析				
测量相关部位的信息记录（含相关数据、故障码等）				
对造成故障的相关部位的诊断及维修过程				
确认故障点				
机理分析				
教师确认签字：			日期：	

【任务评价表】

项目	作业	作业内容及评分标准	配分	扣分原因	得分
LIN 故障	确认故障现象	记录故障状态	5分		
		正确地查阅资料	5分		
	检查测试相关系统部件并记录	确认需检测的系统、部件	5分		
		确认测试点、测试内容	5分		
		说明理由	5分		
	测试机件	正确地测量	10分		
	检查状态	正确地选择测量仪器	5分		
		正确地实施检测	10分		
		确认测试插头及电路	5分		
	检测 LIN	正确地连接测量仪器	10分		
		正确地读取记录数据	10分		
		正确地分析测量结果	10分		
		说明故障点	5分		
	确认故障并排除	确认故障点并排除	5分		
		故障码清除	5分		
		总分			

任务 5　LIN 系统的故障诊断与检测（速腾右后玻璃升降器和门锁无法工作）

【故障现象】

驾驶人侧和右后车门上的车窗玻璃升降器开关均无法控制右后门车窗玻璃升降机工作，其他车窗玻璃升降机工作正常。

关闭所有车门，仪表中显示右后车门开启状态。

操作中控锁按钮，所有车门均无法落锁，除右后车门外，其余车锁可以开锁。

遥控器能控制除右后车门外包括行李舱的运行。

打开示廓灯档时，右后门车窗玻璃升降器按钮上照明灯不亮，其余正常。

【故障分析】

系统原理图如图 7-35 所示。

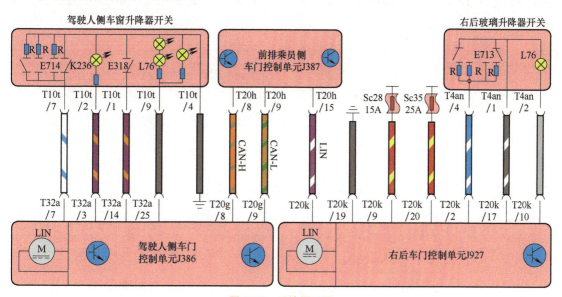

图 7-35　系统原理图

由于驾驶人侧和右后车门上的车窗玻璃升降器开关均无法控制右后门车窗玻璃升降机工作，加之关闭所有车门，仪表中显示右后车门开启状态；中控锁和遥控钥匙均无法使右后车门落锁，打开示廓灯档时，右后门车窗玻璃升降器按钮上照明灯不亮，说明控制单元 J927、J387 之间的通信存在故障，造成控制单元 J927 始终处于休眠状态，右后车门车窗玻璃升降器开关无法控制右后门车窗玻璃升降机工作，也不排除别的故障。

如果系统有故障码提示，则按照故障码指示的内容进行诊断；如果没有故障码，则根据故障概率进行诊断。

【故障诊断】

第一步：读取故障码。

地址码 52 中：010002 本地数据总线无通信，未达到上限。

根据故障码可以看出，控制单元 J387 与控制单元 J927 之间 LIN 总线上的电位未达到理想的高度，从而影响到控制单元 J387 与控制单元 J927 之间的通信，导致右后门的所有功能失效。由于其他车门功能正常，说明控制单元 J387 供电、搭铁及相应的控制电路没有问题，造成故障的主要原因有：

1）控制单元 J387 自身故障。
2）控制单元 J387 与控制单元 J927 之间电路故障。
3）控制单元 J927 自身故障及电源电路故障。

第二步：检查控制单元 J927 端的 LIN 总线信号是否正常。

打开点火开关，操作驾驶人侧的右后门车窗玻璃升降器开关或中控门锁开关，用示波器测量控制单元 J927 的端子 T20k/8 的对地波形。正常情况下应测得图 7-36b 所示的波形，实测波形如图 7-36a 所示。

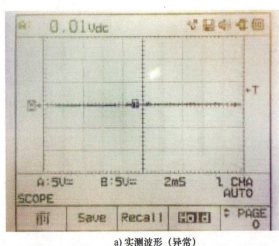
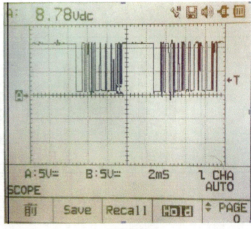

a) 实测波形（异常）　　　　　　　　　　　　b) 标准波形

图 7-36　实测波形与标准波形对比

测试结果说明，LIN 总线波形始终处于低电位，可能故障原因为：

1）控制单元 J387 到控制单元 J927 之间 LIN 总线对地短路。
2）测试点到控制单元 J387、控制单元 J927 之间 LIN 总线断路。

第三步：检查控制单元 J387 与控制单元 J927 之间电路是否对地短路。

同时拔下控制单元 J387、J927 的电气插接器，用万用表测量控制单元 J387 的端子 T20h/15、控制单元 J927 的端子 T20k/8 之间的导通性，以及两个端子的对地电阻。正常情况下，两个端子之间的电阻应小于 0.5Ω，对地电阻应无穷大。测试结果正常，说明控制单元 J387 或控制单元 J927 内 LIN 总线存在对地短路或断路。

第四步：检查控制单元 J927 线束端的 LIN 总线信号是否正常。

拔开控制单元 J927 的电气插接器，打开点火开关，操作驾驶人侧的右后门车窗玻璃升降器开关或中控门锁开关，用万用表测量控制单元 J927 插接器线束端端子 T20k/8 的对地波形。正常情况下应测得图 7-37 所示的波形，实测结果正常（注意：在打开点火开关或操作中控门锁开关、驾驶人侧玻璃升降器开关时，该端子会发出方波脉冲信号），由此说明测试点到控制单元 J387 之间的 LIN 总线没有故障。

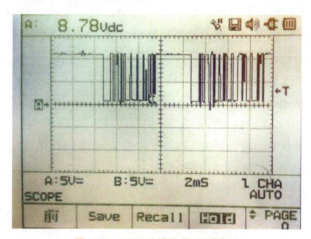

图 7-37　LIN 总线信号实测波形

第五步：检查控制单元 J387 线束端的 LIN 总线信号是否正常。

恢复控制单元 J927 的电气插接器，打开点火开关，拔开控制单元 J387 的电气插接器，用万用表测量控制单元 J387 插接器线束端端子 T20h/15 的对地电压。

正常情况下，该端子电压应维持在 +B，实测结果始终为零，说明 LIN 总线端子在控制单元 J927 内部与蓄电池负极短路或断路。进一步测量控制单元 J387 插接器线束端端子 T20h/15 和搭铁之间的电阻，测试结果为零，说明 LIN 总线端子在控制单元 J927 内部与蓄电池负极短路，需更换控制单元 J927。

更换新的控制单元后，驾驶人侧右后门车窗玻璃升降器开关可以操控右后车窗玻璃升降，但右后门车窗玻璃升降器开关不能控制自身车窗玻璃升降。打开示廓灯档时，右后门车窗玻璃升降器按钮上指示灯还是不亮，但中控门锁恢复正常。

第六步：清除故障码并再次读取故障码。

打开点火开关，用解码器扫描网关，读取故障码，发现无相关故障码。

第七步：读取数据流。

打开点火开关，用解码器读取数据流，测量值始终显示未操作，测试结果异常，可能故障原因为：

1）控制单元 J927 自身故障。

2）控制单元 J927 与开关 E713 之间电路故障。

3）开关 E713 自身故障。

第八步：检查开关 E713 输入是否正常。

根据开关的工作原理，控制单元 J927 通过端子 T20k/2 给开关 E713 提供方波脉冲参考信号，通过端子 T20k/17 给开关 E713 提供搭铁，操作开关 E713 时，开关会给电路串入不同的电阻，从而改变参考信号的幅值，控制单元 J927 通过幅值的变化来识别不同的档位指令。因此测量时，在信号线上任何一点进行测试都可以发现故障。

测量时，首先打开点火开关，操作开关 E713，测量开关信号波形。正常情况下，在不操作开关时，应测得最高幅值的电压，而在点动上升、持续上升、点动下降、持续下降时，会测得不同幅值的信号波形电压，实测始终是空档波形，测试结果异常，说明：

1）控制单元 J927 自身故障，无法给开关 E713 提供搭铁信号。

2）控制单元 J927 与开关 E713 之间的搭铁电路故障。

3）开关 E713 自身断路故障。

第九步：检查开关 E713 搭铁是否正常。

打开点火开关，用万用表测量开关 E713 的端子 T4an/1 的对地电压。在正常情况下，该端子的电压应小于 0.1V。

【故障机理】

实测结果正常，说明开关搭铁正常，加上开关参考信号正常，说明开关信号异常的原因为开关自身损坏。更换新的开关后，故障排除，系统恢复正常。

【任务记录单】

班级：	姓名：	学号：	车型：
故障现象的确认及描述			
故障原因分析			
测量相关部位的信息记录（含相关数据、故障码等）			
对造成故障的相关部位的诊断及维修过程			
确认故障点			
机理分析			
教师确认签字：		日期：	

【任务评价表】

项目	作业	作业内容及评分标准	配分	扣分原因	得分
LIN 故障	确认故障现象	记录故障状态	5分		
		正确地查阅资料	5分		
	检查测试相关系统部件并记录	确认需检测的系统、部件	5分		
		确认测试点、测试内容	5分		
		说明理由	5分		
	测试机件检查状态	正确地测量	10分		
		正确地选择测量仪器	5分		
		正确地实施检测	10分		
		确认测试插头及电路	5分		
	LIN 检测	正确地连接测量仪器	10分		
		正确地读取记录数据	10分		
		正确地分析测量结果	10分		
		说明故障点	5分		
	确认故障并排除	确认故障点并排除	5分		
		故障码清除	5分		
		总分			

参 考 文 献

[1] 弋国鹏. 汽车灯光系统与检修［M］. 北京：机械工业出版社，2017.
[2] 朱军. 汽车故障诊断方法［M］. 北京：人民交通出版社，2008.
[3] 弋国鹏. 汽车检测与维修竞赛案例集［M］. 北京：机械工业出版社，2018.
[4] 弋国鹏. 汽车发动机控制系统与检修［M］. 北京：机械工业出版社，2019.
[5] 弋国鹏. 汽车舒适控制系统与检修［M］. 北京：机械工业出版社，2019.
[6] 刘敏杰. 汽车构造［M］. 北京：高等教育出版社，2017.
[7] 李春明. 汽车故障诊断方法与维修技术［M］. 北京：北京理工大学出版社，2009.
[8] 刘敏杰. 汽车构造［M］. 北京：国家开放大学出版社，2018.
[9] 吕江毅. 现代轿车故障诊断与检测实训指导［M］. 北京：中国铁道出版社，2013.
[10] 丰田汽车公司. 汽车维护操作［M］. 北京：高等教育出版社，2008.
[11] 郭瑞莲. 汽车电控系统原理与故障分析［M］. 北京：北京工业大学出版社，2010.
[12] 于增信. 汽车发动机构造、原理与维修［M］. 北京：机械工业出版社，2014.